CONVERSACIONES CON JEAN PROUVÉ

Editorial Gustavo Gili, SA

08029 Barcelona Rosselló, 87-89. Tel. 93 322 81 61
México, Naucalpan 53050 Valle de Bravo, 21. Tel. 55 60 60 11
Portugal, 2700-606 Amadora Praceta Notícias da Amadora, n° 4B. Tel. 21 491 09 36

CONVERSACIONES CON
JEAN PROUVÉ

Armelle Lavalou (ed.)

Título original: *Jean Prouvé par lui-même*
Publicado originalmente en el año 2001 por Éditions du Linteau

Versión castellana de Núria Pujol i Valls
Revisión a cargo de Susana Landrove
Diseño gráfico de Arianne Faber
Fotografía de la cubierta: Joly/Cardot © Collection famille Prouvé

Fotografías: Centre Georges Pompidou-Bibliothèque Kandinsky-Fonds Jean Prouvé © VEGAP, Barcelona 2005: págs. 21, 25, 29, 39, 45, 46, 48, 49, 70, 79, 87, 91; Cliché Pechiney/Alff/Collection IHA © VEGAP, Barcelona, 2005: pág. 60; © Collection famille Prouvé: págs. 17, 26; Fotografía Victor Prouvé © Collection famille Prouvé: pág. 10.

Queda prohibida, salvo excepción prevista en la ley, la reproducción (electrónica, química, mecánica, óptica, de grabación o de fotocopia), distribución, comunicación pública y transformación de cualquier parte de esta publicación –incluido el diseño de la cubierta– sin la previa autorización escrita de los titulares de la propiedad intelectual y de la Editorial. La infracción de los derechos mencionados puede ser constitutiva de delito contra la propiedad intelectual (arts. 270 y siguientes del Código Penal). El Centro Español de Derechos Reprográficos (CEDRO) vela por el respeto de los citados derechos.

La Editorial no se pronuncia, ni expresa ni implícitamente, respecto a la exactitud de la información contenida en este libro, razón por la cual no puede asumir ningún tipo de responsabilidad en caso de error u omisión.

© del texto: Éditions du Linteau, 2001
© de la edición castellana:
Editorial Gustavo Gili, SA, Barcelona, 2005

Printed in Spain
ISBN: 84-252-1995-7
Depósito legal: B. 25.970-2005
Impresión: Gráficas 92, Rubí (Barcelona)

ÍNDICE

Prefacio	7
El obrero forjador	11
De la calle Général Custine a Maxéville	15
La autogestión en Maxéville	21
Muebles	25
Lods y la Maison du Peuple	28
Los polígonos de viviendas	32
La gran industria	34
Industrialización / Prefabricación	36
Las casas	45
Le Corbusier	51
El fin de los talleres	56
Después de Maxéville	59
De la creación a la ejecución	68
Profesor del Conservatoire National des Arts et Métiers	71
¿Arquitecto?	76
Calle Blancs-Manteaux	78
El mundo de los arquitectos	83
La arquitectura del derecho	91

PREFACIO

Un *leitmotiv* concluía alguna de las conversaciones que aquí se recogen: "¿Se ha dado cuenta?. Siempre a trompicones". Estábamos en 1982, Jean Prouvé tenía ochenta y un años, y estaba rendido.

Ese otoño, Jean-Paul Robert y yo preparábamos la exposición *Jean Prouvé, l'imagination constructive* [*Jean Prouvé, la imaginación constructiva*], un proyecto que había surgido de la iniciativa de François Chaslin y que se inauguraría el 27 de febrero de 1983 en el Institut Français d'Architecture. Era la primera iniciativa importante que tenía lugar en Francia después de la que había comisariado Ionel Schein en el Musée des Arts Décoratifs de París en 1964. Estas conversaciones debían contribuir al propósito de la exposición y quizás, de quedar plasmadas en una publicación. No fue así,[1] del mismo modo que tampoco se realizó el vídeo que habíamos pensado: "¿Un vídeo? Pero, ¡os habéis vuelto locos! Vais a gastaros todo vuestro dinero en mí. Para eso tendría yo que tener un día inspirado...".

Y Prouvé estuvo inspirado. Entró en el juego igual que nosotros. Durante dos meses, de mediados de octubre a principios de diciembre, nos reunimos prácticamente cada semana, en la calle Blancs-Manteaux de París o en su casa en las alturas en Nancy, al pie del Haut du Lièvre. Cuando estábamos en su casa, esa casa que él describía como hecha con cosas de aquí y allá, ese lugar maravilloso con las paredes cubiertas con lienzos de su padre, y de sus amigos −recuerdo también un móvil de Alexander Calder−, en ese ejercicio de estilo que pretendía no serlo en absoluto, Madeleine Prouvé estaba algunas veces presente. De vez en cuando aportaba precisiones, fechas, nombres o algún comentario a las observaciones de su marido. Ella había sido alumna de Victor Prouvé, padre de Jean y fundador de la École de Nancy junto con Émile Gallé. Madeleine conocía perfectamente esa historia[2] y también la de Jean. Depositábamos el magne-

---

[1] Se publicó *Jean Prouvé, cours du CNAM, 1961-1962*, que recuperaba los apuntes de clase de su alumno Jean-Pierre Levasseur.
[2] Madeleine Prouvé es autora del libro *Victor Prouvé* publicado por Éditions Berger-Levrault, Nancy, 1958.

tofón en una mesa, delante de nosotros, pero rápidamente lo olvidábamos, hasta el punto de que, en dos ocasiones, nos olvidamos de darle la vuelta a la cinta. Tomábamos notas. De vez en cuando, Prouvé cogía un lápiz para dibujar un sistema constructivo o explicar algún procedimiento. Se expresó así a lo largo de una buena decena de horas, sin preocuparse por la cronología, con largas digresiones, con incisos sobre tal o cual cosa, u observaciones afiladas, regresando con frecuencia a los años de Maxéville y al tema de la pérdida de su fábrica. Habló durante horas, lenta, pausadamente, dejando caer de vez en cuando alguno de sus famosos comentarios, ambiguos y con la sonrisa de medio lado. De ese modo recorrió toda su vida: casi un siglo.

El reconocimiento llegaba tarde y, con él, los recuerdos que en algunos casos relataba con viveza. ¿Era ese el motivo de la ausencia de Prouvé el día de la inauguración de la exposición? Enfermo ya entonces, murió casi exactamente un año después, el 23 de marzo de 1984.

Es inútil aportar comentarios al contenido de estas páginas, algunas de ellas brillantes. Tan sólo creo necesario efectuar algunas precisiones. Se tuvo que realizar un considerable trabajo de reorganización cronológica, que siempre se ajustó al estricto respeto por lo que se había dicho. Se "tejieron de nuevo" los temas que se abordaron en diferentes ocasiones, ateniéndonos a la mayor fidelidad posible. A petición del propio Prouvé, se suprimieron algunas consideraciones que le parecían demasiado severas. De la conferencia que impartió en el Centre Pompidou el 18 de febrero de 1981 y de la película *Jean Prouvé, constructeur* realizada por Guy Olivier y Nadine Descendre para Antenne 2, tomé prestadas seis citas que resultaban especialmente útiles para clarificar algunos aspectos de su pensamiento. Por último, se volvieron a transcribir dos pasajes a partir de cuadernos de notas y de recuerdos relativos a sus inicios profesionales como herrero y al papel que desempeñó como presidente del jurado del Beaubourg, que se convertiría en el Centre Georges Pompidou. Persisten, sin embargo, ausencias y nebulosas; uno de los silencios más flagrantes es relativo al papel que jugó Prouvé en el seno de la Union des Artistes Modernes.

Una vida no se resume en diez horas de conversaciones.

No obstante, detrás de estas líneas se dibuja una persona, un creador y una época.

ARMELLE LAVALOU

El taller de Émile Robert hacia 1917. Émile Robert en primer plano, Jean Prouvé en segundo plano.

EL OBRERO FORJADOR

Sólo soy un obrero. En el fondo, partí de ahí, y pienso que todo lo que he hecho en la vida, lo he hecho muy sencillamente, sin plantearme preguntas demasiado profundas. Nací en París, pero mis padres regresaron en seguida a Nancy. Era la época de la creación de la École de Nancy. Mi padre era pintor, además de un artesano excepcional. Era de los que asocian instantáneamente el pensamiento con la acción manual. Ya desde muy pequeño, digamos a los cinco o seis años, vivía la actividad de la escuela. A la salida del colegio iba al taller de mi padre y allí me encontraba con todos los miembros de la École de Nancy. Era algo excepcional y hoy en día seguiría siéndolo. Mi padre era muy amigo de Émile Gallé, el maestro vidriero y fundador de la escuela, de quien yo era ahijado. Mi padre sucedió a Gallé como líder del movimiento artístico preconizado en la École de Nancy cuando éste murió en 1904.

Todos ellos veneraban el mundo obrero y preconizaban una estrecha colaboración entre industriales, artistas y artesanos. Eran revolucionarios en todos los sentidos, principalmente desde la producción industrial en serie. Socialistas antes de tiempo. Su idea era que todos los objetos tenían que ser de calidad, que toda arquitectura debía ser de su época. Su regla principal, cuya aplicación ha sido mi desvelo, era la siguiente: "El hombre está en la tierra para crear". Es decir, no copiar jamás, no plagiar jamás, mirar siempre hacia el futuro en todas las cosas... Se trataba de una regla absoluta. Consideraban que ello no era posible sin un importante bagaje cultural, sin un conocimiento total del pasado. Cuando se crea, se debe saber lo que se ha hecho hasta el momento. Una época es una época, y el modo de pensar de cada época es distinto.

Para apoyar sus ideas, los artífices de la École de Nancy indagaron cuál era la mejor fuente de inspiración y la encontraron en la contemplación de la naturaleza. Recuerdo que mi padre me decía: "¿Ves cómo se une la espina al tallo de esta rosa?". Y, al hacerlo, abría la palma de su mano y recorría con un dedo su contorno: "Mira, como el pulgar a la mano. Todo esto está bien hecho, es sólido, son formas de resistencia equivalente y, a pesar de todo, son flexibles". Esto se me quedó para siempre. Si mira algunos de los muebles que he hecho, verá que en casi todas partes hay un diseño de elementos que se afinan: los perfiles son de resistencia equivalente, es decir que son más fuertes allá donde más trabajan. Probablemente sea esto lo que conservo de la influencia de la École de Nancy. Luego salí de ella, evolucioné. Evolucioné porque ellos me habían enseñado que había que evolucionar.[3]

De modo que empecé como simple obrero forjador. De muy joven, quería ser constructor de máquinas: me gustaba la mecánica, era un apasionado de la aviación, de todo tipo de máquinas, hasta el extremo de que también quería ser piloto de avión; más tarde lo fui... Llegó la guerra, yo tenía exactamente trece años. Con ella, apareció la necesidad de ganarme la vida. En tiempos de guerra, una familia con siete hijos cuyo cabeza de familia es pintor pasa forzosamente por dificultades. Tuve que ponerme a trabajar como aprendiz. Creo que esa fue la gran oportunidad de mi vida, tener la suerte de convertirme tan rápidamente en un obrero, en concreto en un obrero de la construcción. Creo que todo parte de ahí.

Entré en el taller de Émile Robert en Enghien, un herrero amigo de mi padre que se dedicaba a la forja para la construcción, un hombre de oficio que había adquirido cierto renombre. Tenía una pequeña empresa de construcción en metal, Borderel et Robert.[4] No obstante, jamás dejó de forjar él mismo en su pequeño taller. Era una especie de místico que quería salvaguardar la tradición del

---

[3] Cita extraída de la película *Jean Prouvé, constructeur*.
[4] El herrero Émile Robert (1860-1924) se había asociado al empresario Borderel en 1910, año en que fundó una escuela.

oficio y transmitirla a los jóvenes. Éramos seis o siete aprendices. Los medios de los que disponíamos se resumían en un martillo y un yunque. Aprendí realmente el oficio en su taller. Yo era fuerte, rápido, y pronto me convertí en su mejor herrero.

Después perfeccioné mi oficio durante dos o tres años más, en el taller de otro herrero al que conocí en París, Adalbert Szabo, un herrero excepcional de origen húngaro, una fuerza de la naturaleza. Realizaba muchas cosas para los despachos de arquitectos parisinos. Me entendía muy bien con él.

Llevé esa vida de obrero hasta que empecé el servicio militar. Eran unas doce horas diarias. En cuanto a la resistencia física, había que tener los músculos necesarios, y en ese momento yo los tenía... Vivía con los obreros, comía pescadilla frita con ellos. Por la noche me reunía con amigos de mi padre, quien había retomado un taller en París durante la guerra, en el que después se volvió a instalar con la familia en 1917. Eran universitarios, intelectuales, gente a la que ya conocía de Nancy, de mi primera juventud. Por aquel entonces, el mundo estaba muy politizado. Asistíamos al final del caso Dreyfus. Recuerdo al rector de la Académie de Paris, Paul Lapie, creo que se llamaba, a Pauline Kergomard,[5] la creadora de las guarderías infantiles que recibía semanalmente en su salón a los Steeg y Fontaine; André Fontaine, crítico de arte y conservador de la colección de la Sorbona, ayudaba mucho a mi padre, le procuraba encargos, era una especie de mecenas. También veíamos a los Reclus. Recuerdo las ideas anarquistas que blandían, especialmente Paul,[6] el tercero de los hermanos.

Ese período comprende cinco años de mi vida. En aquel entonces, ese ambiente me inculcó muchas cosas y me marcó tanto como el espíritu de la École de Nancy en el que nací.

Empecé a forjar. Colaboraba con arquitectos de Nancy. Lo que yo producía no se parecía a lo que producían los demás, pero el ámbito en que lo hacía era cerrado; era provinciano. Todo sucedía ya

---

[5] De soltera Reclus. Fue inspectora general de las escuelas maternales de París.
[6] A Paul Reclus (1847-1914), hermano menor de Élisée Reclus, se le relacionó con el atentado anarquista cometido contra la Cámara de Diputados por Auguste Vaillant (1893), quien fue detenido y guillotinado. Paul huyó a Escocia donde trabajó con Patrick Geddes. Fue amnistiado en 1895.

en París. Dado que mi taller estaba creciendo, pensé que necesitaba encargos. A través de publicaciones y de libros, cayeron en mis manos los escritos de Le Corbusier, que me apasionaron, y también fotografías de las obras de arquitectos modernos de la época: alemanes, franceses, internacionales. Pensé que sería interesante ir a enseñarles lo que hacía. Así que me fui a París, con muy poco dinero en el bolsillo y con la idea de ir a llamar a la puerta de Le Corbusier, de Robert Mallet-Stevens, quienes en ese momento eran los creadores de vanguardia.

Vale la pena detenerse en la anécdota de lo que me ocurrió en el despacho de Mallet-Stevens. Llamé a su puerta y me recibió un arquitecto[7] que me tomó por un intruso: "El señor Mallet-Stevens no está". Miró mis fotos, me dejó un momento solo y, al cabo de cinco minutos, estaba en el despacho de Mallet-Stevens, frente a frente. La conversación fue rápida, me dijo: "Lo que usted hace me interesa enormemente... ¿qué le ha hecho pensar en todo esto?". Por fin, unas palabras amables. Después, me encargó una verja. "Bueno, pues mire, estoy construyendo una casa nueva en París, necesito una verja". Y yo, tímidamente: "Le haré un dibujo y le mandaré un presupuesto". Respuesta inmediata: "¡Ni dibujo ni presupuesto, mándeme una verja!". Al cabo de un mes, le entregué la verja, que todavía existe.[8] Así fue cómo tuve mi primer encargo en París. Por lo tanto, sentí de inmediato que mis propuestas eran bien recibidas. También fui a ver a Le Corbusier, donde fui muy bien recibido. Fue el inicio de una amistad que se mantuvo siempre.[9]

A partir de ese momento, no dejé de ir y venir entre Nancy y París. Tenía encargos y debía llevarlos a cabo.

---

[7] Gabriel Guévrékian, jefe del despacho de Mallet-Stevens de 1922 a 1926.
[8] En la casa Reifenberg, calle Mallet-Stevens, n° 4-6, París.
[9] Explicación extraída de la película *Jean Prouvé, constructeur*.

DE LA CALLE GÉNÉRAL CUSTINE A MAXÉVILLE

Abrí mi propio taller en 1924, solo. A la vuelta del servicio militar, empecé trabajando como artesano en la forja de la Escuela de Bellas Artes de Nancy, también solo. Durante muchos años, forjé yo mismo, en la calle Général Custine. Llevaba el mandil de cuero del forjador, el que protege de las chispas. Forjaba lámparas, verjas, barandillas y forja artística... Al cabo de dos años éramos unos quince compañeros. Al cabo de ocho años, cambié de taller por falta de espacio; tenía que comprar material. Me instalé en la calle Jardiniers: éramos ya entre cincuenta y ochenta compañeros.

Todo fue muy rápido. De forjador artístico pasé rápidamente a la construcción. Fui uno de los primeros en construir con chapa plegada. Al principio no tenía dobladora y tenía que desplazarme a los talleres de calderería. Lo primero que hice cuando cambié de taller fue comprarme una.

Trabajé muchísimo dedicado sólo a la innovación. En mi taller no se fabricaba nada que fuera asimilable a la construcción banal. Mi idea era llegar a la producción en serie. Siempre he soñado con ello, pero nunca tuve la oportunidad de hacerlo.

Quería la maquinaria más avanzada que hubiera, y la renovaba constantemente. Los compañeros agradecían el hecho de que pudieran disponer de herramientas y maquinaria modernas, pues les facilitaba la tarea y el resultado de lo que producíamos era distinto.

Progresábamos en el trabajo del acero y en del acero inoxidable, cuya resistencia a corrosión era una gran ventaja en la construcción. Nuestro primer muro cortina fue para un edificio de Citroën, lo hicimos en 1929. Casi en la misma época, habíamos concebido y realizado el proyecto para los quirófanos del hospital de la Grange Blanche en Lyon con Tony Garnier.[10] Se construyeron completamente en metal y los módulos se disponían en fachada como en las *bow-*

---

[10] En 1933.

windows. Fue bastante complicado, teniendo en cuenta los problemas de aislamiento térmico, de ventilación, de protección, un trabajo que requirió mucha pericia.

A decir verdad, hay que recordar que en esa época no sabíamos todo lo que se sabe ahora. Como construíamos en metal, éramos perfectamente conscientes de que algunos fenómenos eran difíciles de controlar, o que sólo eran controlables aproximadamente. Sin embargo, poníamos en práctica todas las exigencias actuales del CSTB.[11] La supresión de los puentes térmicos ya se había llevado a la práctica en la Maison du Peuple (Casa del Pueblo) de Clichy y en las casas de Meudon. Se puede constatar en los detalles que dibujamos.

En esa época, no calculaba los esfuerzos, sino que se verificaban. Hoy, calculo la chapa plegada con fórmulas americanas. Los americanos trabajan mucho la chapa plegada, estudiaron el problema y encontraron fórmulas de cálculo que hoy aplica el CTICM.[12]

Quisiera aprovechar para rectificar una falsa interpretación que me persigue desde hace años. He oído comentarios que me atribuyen la invención del muro cortina. Me resultan indignantes: nunca pensé en inventar el muro cortina. Imaginé, mucho antes del mercado de Clichy, en 1934-1935, una nueva manera de hacer arquitectura, una nueva manera de trabajar con los materiales. Cuando sólo se construían edificios con muros de carga, yo imaginé edificios estructurados de otra manera. Tenían una estructura de metal u hormigón —al igual que el ser humano tiene un esqueleto— a la que se debía añadir el complemento lógico del esqueleto: el envoltorio. De modo que la idea era envolverlo con una fachada ligera. La estructura se bastaba por sí misma, era inútil cargarla con materiales que ya no cumplían ninguna función. Al suspender la fachada de los forjados, la asimilamos a una cortina, que llamamos "muro cortina". Técnicamente era complicado: este envoltorio tenía

[11] Centre Scientifique et Technique du Bâtiment (Centro Científico y Técnico de la Construcción).
[12] Centre Technique et Industriel de la Construction Métalique (Centro Técnico e Industrial de la Construcción Metálica).

Planeador construido por un aprendiz de Jean Prouvé, a la derecha en la foto, hacia el 1938.

que ser aislante, sus cualidades físicas eran distintas de lo que se había hecho hasta el momento, había que crear dispositivos de regulación, etc. Es probable que fuera en Clichy donde se inventó por primera vez una arquitectura que incorporara el muro cortina. Aunque nunca se me ocurriría disociar el muro cortina del conjunto arquitectónico al que pertenece.

A lo largo de mi vida como industrial, cuando me enseñaban proyectos diciéndome: "Prouvé, ¿no le parece que quedaría bien si

incorporáramos un fragmento de muro cortina ahí?" –cosa que me ocurrió a menudo–, me estremecía por dentro, y me decía: "O bien es un muro cortina y es útil, o bien es un elemento decorativo y no funciona en absoluto". Por eso no me gusta que digan que soy el inventor del muro cortina, porque, con ello, se disocia esa fachada del conjunto construido. Y no es así, porque es un todo.[13]
    Mi pequeño taller se convirtió en una sociedad anónima cuyos accionistas eran amigos. Mi hermano Pierre era un elemento dinámico del taller, dirigía la sección de prototipos, era un operario excelente, un enlace con el taller; Henri, mi otro hermano, dibujó para mí en el despacho de Marcel Lods, especialmente la casa BLPS.[14] También estaba Jean Boutemain, a quien siempre tuve en gran consideración. Tenía ideas y, en general, lo hacía bien. Conocía su oficio. Había sido delineante en una fábrica. Se espabiló en la vida para aprender y llegó a ser un excelente proyectista.
    Aguanté hasta la guerra, lo cual quiere decir que fueron bastantes años. Viví la guerra con un rechazo absoluto a realizar cualquier trabajo para los alemanes. En mi caso, era algo visceral.
    Les gasté algunas jugarretas. No eran más que tonterías, por las que a veces te pueden mandar a la cárcel. No me las reprocho, eran esas pequeñas brabuconadas que uno puede hacer a los cuarenta años. A esa edad se es cabezota. No fue muy astuto: en realidad, estuve involucrado en cosas mucho más serias e importantes. El resultado fue que los alemanes pusieron sus ojos en mis máquinas e intentaron quedárselas. Les mentí y fabriqué unos hornos especiales[15] que vendí a todos los habitantes de Nancy –todavía conservo uno–, donde se podía quemar cualquier porquería y calentaban. Fabriqué también hornos de carbonización que permitían hacer carbón de leña. Y todos estos muebles que ve aquí, de metal y madera, se hicieron durante la guerra. Se los vendía a los industriales de la región. Ellos quizás trabajaban para los alemanes... Así fue cómo

[13] Explicación extraída de la película *Jean Prouvé, constructeur*.
[14] Beaudouin, Lods, Prouvé, Forges de Strasbourg, casa de fin de semana, 1935.
[15] Los hornos Pyrobal.

pasé la guerra. Ayudé a salir adelante a más de la mitad de mi personal, la otra mitad estaba movilizada.

Después de la guerra, volví a poner en marcha mi fábrica enseguida, con trabajos importantes como las casas de Meudon, y cambié una vez más de taller. Me instalé en un terreno de 20.000 m² en Maxéville, un municipio cercano a Nancy, dónde rehabilité edificios antiguos y construí otros. Mi fábrica funcionaba. En mis talleres había un montón de jóvenes arquitectos a quienes había llamado la atención lo que yo hacía en Nancy. Habían dejado su escuela para venir a la fábrica. El primero que se presentó fue Joseph Belmont. Llegó en moto. Le contraté inmediatamente... Maurice Silvy llegó casi a la vez y, poco después, Henri Nardin, Tarik Carim y Pierre Oudot. Un trío de amigos. Tenían cierta independencia pero, aun así, se integraban muy bien. Fue allí donde descubrieron lo que podía ser la verdadera inspiración arquitectónica: que el trazo de lápiz que hacían el lunes podía ser una realidad el martes. Sabían enseguida lo que iban a obtener, mientras que el joven arquitecto de hoy en día proyecta casi siempre cosas que no se harán. ¿No le parece algo mortal para el espíritu?

Tras una hora de conversación con Raoul Dautry,[16] me encargó centenares de casas comparables con la que ve en mi jardín. Las fabricábamos en mis talleres y las montábamos en un solo día. Al principio de la guerra, por mediación del general del ejército francés Dumontiers, antiguo director de la Politécnica, me había encargado cerca de mil barracones rígidos que se fabricaron en mi empresa a toda prisa y sin problema alguno. Durante treinta años recibí materias primas, las pagué, pagué a mis obreros y estuve en buena relación con mis banqueros.

De modo que yo también fui un hombre de negocios, y no tan malo como cabría imaginar. Estamos en un régimen capitalista, la industria es, en este contexto, inevitablemente especulativa. Mi familia

---

[16] Ministro de la Reconstrucción y el Urbanismo de noviembre de 1944 a enero de 1946.

no tenía dinero. Creé mi propia fábrica con el pequeño préstamo de un amigo,[17] y creció por medio de la autofinanciación. Pero, a partir del momento en que mi industria creció, los que me quitaron mi fábrica empezaron a propagar el rumor de que yo no era un hombre de negocios.

Diré de entrada que no soy un hombre interesado por el dinero en beneficio propio, pero defendía encarnizadamente los intereses de mis colaboradores. No me consideraba un tipo que tuviera que quedarse con la parte de los demás, sino que era extremadamente generoso y pagaba muy bien a todo mi personal.

[17] Se trata de André Fontaine, amigo de Victor Prouvé.

LA AUTOGESTIÓN EN MAXÉVILLE

El taller y el coche de Jean Prouvé en Maxéville.

La fórmula de autogestión que aplicamos en Maxéville estaba limitada a lo que cada responsable era capaz de controlar. Yo había constatado que, en todas las industrias de Lorraine, los directivos especulaban con su mano de obra. No tenían más que un objetivo: pagar lo menos posible por hora de mano de obra. Según mi propia experiencia, pagar mal era un razonamiento erróneo que, al final, salía más caro: una persona a la que se le paga bien está contenta y trabaja mejor que una a la que se le paga mal. Me reunía con los representantes sindicales de mi empresa y con la patronal, pues formaba parte del Consejo de Administración de esta última debido a que mi fábrica tenía cierta importancia. Recuerdo una sesión en la que se produjo una discusión sobre el salario mínimo de un obrero. Los propietarios de las fábricas llevaban tres días discutiendo si estaban dispuestos a dar una miseria más o menos por hora. Eso me enojó; les expliqué que era una idiotez. Les conté la experiencia que llevábamos a cabo en mi fábrica dónde los obreros tenían responsabilidades, estaban bien pagados y, en consecuencia, trabajaban bien.[18]

Para fabricar un objeto se precisan hombres y materias primas; a esto hay que sumarle los gastos generales, costes sociales, amortizaciones y el reembolso de las inversiones –es precisamente ahí donde muchos contables manipulan los balances–. Yo me había dicho: si, para hacer un objeto, mi previsión es que son necesarios cien francos de mano de obra, no veo por qué debería vivir con la esperanza de que los obreros se conformen con sólo ochenta. Pues en eso consistía el espíritu general. De modo que tomé una decisión: decidí discutir el tiempo y la masa de mano de obra necesarios con aquellos que iban a ejecutar el trabajo, así que para cada negocio que se presentaba, discutíamos en las diferentes secciones de la fábrica cuánta mano de obra sería necesaria para llevar a cabo aquel proyecto. Cuando determinábamos una cifra, les abría una cuenta en el banco con esa suma. Ya no eran asalariados, sino que se convertían en financieros que debían gestionar una cantidad de dinero, una cantidad que era la masa salarial con la que yo me prohibía especular.

El resultado fue fabuloso: el primer mes que siguió a la decisión de adoptar el modelo de participación cobraron un cuarenta por ciento más. Tenían un precio de base por hora (no se puede dejar de pagar a alguien cuando no hay trabajo), y un salario base que desaparecía a partir del momento en que había trabajo; entonces ya no teníamos en cuenta el salario. A partir del momento en que se abría una cuenta en el banco, nutrida con centenares de miles de francos, algunas veces con millones de la época, se ponían de acuerdo entre ellos para llevar a cabo el trabajo lo mejor posible y cuanto antes.

[18] En 1936, los trabajadores del taller de calle Jardiniers disponían desde hacía ya algunos años de los beneficios sociales que reclamaban los sindicatos, en particular los referidos a las vacaciones pagadas.

El tiempo que ganaban les permitía aceptar otro encargo por el que ganaban aún más dinero. Todo esto había adquirido tales dimensiones que vivíamos en una prosperidad fantástica. En Nancy todo el mundo tenía la vista puesta en mi taller: querían trabajar con Prouvé porque con él se ganaban bien la vida,[19] y a mí me salía a cuenta porque podía abarcar más encargos a la vez. La dificultad estribaba en conseguir que los empleados, aquellos que tenían adjudicado un sueldo mensual, se interesaran y se solidarizaran con los obreros. Era preciso que tuvieran el mismo espíritu. Lo conseguí por medio de una contabilización basada en el tiempo ganado: aquello que los obreros ganaban de más debía beneficiar también a los empleados con sueldo fijo. Resultado: los empleados con sueldo fijo se pusieron a colaborar con los obreros, a conseguir mejores compras, a negociar mejores plazos de entrega de las materias primas y, por lo tanto, a facilitarles la tarea dado que ellos mismos resultaban beneficiados. Eso no se tradujo en codicia por parte de unos y otros, sino en un aumento del interés por el trabajo.

Era necesario que todos los estamentos estuvieran informados acerca de la evolución del trabajo. Colgábamos en el taller un tablero por cada encargo —todos ellos numerados— y por equipo encargado de realizarlo. El avance del trabajo se materializaba mediante un trazo azul que era la cantidad de dinero asignada, y un trazo rojo que correspondía al avance del trabajo. Este último progresaba con el día de desfase impuesto por el cómputo de todo ello y el trabajo contable, que era bastante complicado. Al entrar en la fábrica por las mañanas, los trabajadores veían cómo progresaba el trabajo. Sabían que si el trazo rojo no alcanzaba el azul, habría beneficio, y que si el trazo rojo superaba el azul les remitía a un salario normal. Les aseguro que los trazos rojos quedaban siempre atrás y que todo funcionaba muy bien. Era un sistema que propiciaba la inteligencia del ejecutor.

[19] Por su parte, Prouvé sólo se había adjudicado un sueldo de encargado, sin participación en los beneficios.

Un día, vinieron a verme y me dijeron: "Hemos decidido repartir en términos de igualdad entre todos los miembros del equipo". No puse objeción alguna. Aquello sólo duró seis meses. Al cabo de seis meses, vinieron a decirme: "Oiga, mire, hemos cambiado de opinión, queremos un reparto a prorrata de los salarios". Los salarios estaban establecidos en función de la calidad. Es decir, que querían mantener la jerarquía; una preocupación constante en el mundo obrero. Sabían muy bien que, si en su equipo había contrataciones o despidos, eran un tanto libres de hacer propuestas, pero que era preciso ver cuanto antes si alguien no trabajaba bien. Se le despedía sin más, sin contemplaciones.

MUEBLES

Siempre he hecho muebles. Al principio los hacía yo mismo. Empecé en 1924. En 1928, 1929 y 1930 fue cuando desarrollé la fabricación en serie de muebles.

En la época de la Bauhaus, en 1930 si no me equivoco, vi aparecer las sillas realizadas con tubo de acero. Aquello me fastidiaba: consideraba que con un tubo se hacía cualquier cosa, se podía hacer un poste, se doblaba… pero tardé tiempo en hacer una silla. No creo que fuera por reacción pero, cuando la hice, el planteamiento fue otro. Es esta silla en la que hoy estoy sentado.
La creé en 1928, las fabriqué a miles, y las vendí bastante bien.

Proyecto de una mecedora, 1930,
dibujo sobre papel de calco.

Siempre me ha preocupado la construcción bien hecha. En mi opinión, una silla tenía que ser ligera. Una silla se rompe siempre por la junta trasera, por el ángulo entre las patas y el asiento, razón por la que todos mis muebles tienen formas de resistencia equivalente. Una mecedora mía tiene secciones variables. Y mis máquinas me permitían hacerlo. A diferencia de Charlotte Perriand, que cogía un tubo y lo doblaba, yo tenía medios para hacerlo de otro modo. Todo está condicionado por los medios de los que uno dispone.

Un mueble no se compone sobre el tablero de dibujo. Se hacen prototipos, se corrigen. Me bastaba con tener una idea, o con que alguno de mis colaboradores la tuviera —solo no se hace nada, es un intercambio de ideas entre distintas personas— y nos lanzábamos a por ella. Si, por ejemplo, dibujaba una silla, pedía que estuviera cons-

En la galería Steph Simon, donde se vendían los muebles de Ateliers Jean Prouvé. De izquierda a derecha: Steph Simon, Martha Villiger, Jean Prouvé y Charlotte Perriand en 1956.

truida para el día siguiente. El taller de prototipos de mi fábrica me traía la silla tal como yo la había dibujado, con todos sus errores pero, al día siguiente, el mueble existía. Lo corregíamos; esas correcciones se hacían sobre las piezas y no en el tablero de dibujo. Esto demuestra que las buenas ideas provienen del taller: los ejecutores, los obreros, los peones, los que hacían funcionar las prensas, los que soldaban, todos contribuían, mediante las ideas que aportaban a lo largo de la jornada, a perfeccionar y a poner a punto un objeto en un tiempo extremadamente reducido.

Últimamente, un comerciante de París[20] ha redescubierto mis muebles y quiere reeditarlos. Hace un año que intentamos sacar una silla, y no lo conseguimos porque hay que encargar las patas a un taller, los pernos a otro. La silla no se hará, será imposible. Se trate de una silla o un edificio de trescientos metros de altura, no se puede realizar un objeto bello a un precio admisible y con una buena arquitectura si no se logra reagrupar a los hombres. Se necesita una armonía de pensamiento entre el que ejecuta y el diseñador.

En casa no tengo más que los prototipos. Son muebles de las distintas fases del proceso de creación y no todos están en su estado final. Aquí ni siquiera tengo muebles de fabricación reciente. Todo esto está usado porque yo soy viejo, y ha envejecido como yo mismo. Estas sillas constituyen una especie de espectáculo alrededor de una mesa.

---

[20] El señor Hazan, de Formes Nouvelles.

LODS Y LA MAISON DU PEUPLE

Me he pasado la vida colaborando con arquitectos. Naturalmente, hice lo que quise a título personal cuando tenía tiempo para ello, pero tenía mis talleres y debía darles vida. Así que trabajé para los arquitectos, eran los mejores de la época. Eran ellos los que venían a mi empresa. Sin duda no está muy bien decir que acudían a mí sobre todo en busca de ese atisbo de modernidad. Y de un pedazo de la contemporaneidad de mi obra que pudiera integrarse en su arquitectura. Pero fueron muchas las cosas que se hicieron así… Bueno, yo las hice. Y fragüé, de paso, amistades muy fieles.

La Maison du Peuple[21] fue uno de los momentos culminantes de esas colaboraciones, es un edificio ejemplar. Es difícil hablar de ello sin evocar la personalidad de Marcel Lods, quien, en cierto modo, tenía un carácter difícil y no se andaba con remilgos. Así como su socio Eugène Beaudoin era superdotado –tenía una formación de Prix de Rome, dibujaba admirablemente bien, desbordaba ideas– Lods era un temible hombre de negocios que se había convertido en un defensor de la industrialización. Pasó a ser el embajador del perno; impartía conferencias sobre el tema, pero no había comprendido que el perno es el enemigo de la industrialización. Un perno tarda en colocarse y es difícil de ajustar. Se habla siempre del Meccano sin saber lo que eso implica.

Trabajé durante diez años con Lods. ¿Cómo nos conocimos? Por casualidad. Yo había proyectado y construido diversas obras en Nancy que le habían llamado la atención y vino a verme.

La Maison du Peuple de Clichy parte del sistema elaborado para los edificios que había proyectado para Citroën, que creo pertenecían bien a su época. Retomamos todas las ideas de la utilización de la chapa de acero ya comprobadas en esas construcciones. El edificio de Clichy fue proyectado con un armazón de chapa forjada

---

[21] En el número 39 del bulevar Maréchal Leclerc de Clichy (Hauts-de-Seine).

La Maison du Peuple con la marquesina y el balcón originales.

y chapa plegada. Pero se descartó en el último momento por influencia de Vladimir Bodiansky, un ingeniero aeronáutico que trabajaba con Lods, con Georges Candilis y muchos otros arquitectos. Era ruso, como su nombre indica, y de una inteligencia excepcional, pero era un poco particular. A veces, sin embargo, se asustaba y daba marcha atrás. En el asunto de la estructura de la Maison du Peuple tuvimos que dar marcha atrás. Llegamos a un punto de incomprensión con ese hombre con el que yo creía entenderme.

Todo Clichy se dibujó en mi empresa, todo se imaginó en mis talleres, yo pagué todos los estudios. Dibujé por completo el edificio en términos arquitectónicos; también lo vestí completamente a mi manera y contra Lods. No debería decir estas cosas porque Lods está muerto. Que descanse en paz.

Algunas viguetas se revistieron porque Lods así lo sugirió, aunque yo no era muy partidario de ello. Sin duda, Lods quería evitar que en la sala grande predominaran las viguetas. Mi propuesta de realizar una estructura de perfiles huecos era la correcta, ya que hoy en día se hacen muchas estructuras tubulares y se tiende a abandonar la vigueta a favor del tubular hueco. Las viguetas exigen placas de apoyo, un alma y trabajan a tracción y a compresión. Para evitar el pandeo de las vigas de chapa plegada se instalaban en su interior rigidizadores que, a veces, sobresalían. Clichy habría sido, según este ejemplo, una especie de gran taburete. No obstante, como ya he dicho, dimos marcha atrás.

Para que le confiaran el mercado de Clichy en cuestión, Lods había realizado los planos técnicos. Me los enseñaron no hace mucho en el Ayuntamiento. Y lo recordé: era una arquitectura de lo más banal. Era increíble: ¡con esos planos la ciudad de Clichy había hecho el encargo a Lods! Resulta cruel para Lods.

Fabriqué todos los asientos de chapa forjada, eran muy cómodos porque eran asientos con forma, como los asientos de Hans Scharoun; más cómodos que si fueran de terciopelo. Los destruyeron porque consideraron que no eran lo bastante *chic*. Creo que no queda ni uno.

Después de cuarenta años, la Maison du Peuple sigue siendo un edificio notable que ha resistido muy bien el paso del tiempo. Pero el Ayuntamiento de Clichy no lo mantiene. Además han realizado unos trabajos de reforma lamentables. ¿Ha visto cómo han estropeado la fachada con las ventanas de aluminio? Se lo confiaron a un arquitecto que era amigo de los servicios técnicos. Siempre los mismos trapicheos… Es una pena. Nunca he comprendido por qué, cuando Lods todavía vivía, no se preocupó de salvar el edificio.

Paralelamente a Clichy, realizamos juntos otros edificios como el aeroclub de Buc, un edificio para las Forjas de Estrasburgo, la pequeña casa BLPS. Buc tenía un nivel técnico muy avanzado; pudimos ir muy lejos con este proyecto, gracias a la presidenta del aeroclub que quería un edificio completamente moderno, con calefacción integrada. Creo que hoy no se haría de otro modo. Buc fue desmontado por los alemanes y la casa BLPS fue quemada.

Seguí trabajando con Lods durante la guerra hasta el día en que me di cuenta de que estaba arruinando mi empresa. No pagaba los trabajos que encargaba. En el caso de Clichy, por ejemplo, casi el 50 % de los trabajos no me fueron pagados jamás. Eso no conducía a una economía saneada y tenía constantemente a mis talleres en vilo. Así que corté, me separé de él sin más, diciéndole: "Ya no trabajamos juntos". Entonces fue cuando se inclinó por una industrialización del tipo La Grande Mare en Ruán. A mi parecer, la concepción de esos edificios de acero le hizo retroceder de forma considerable; regresaba a las construcciones de la época de 1900, al sustituir los ladrillos que se utilizaban entonces en las construcciones metálicas por el aluminio, Ahí no hay la calidad inventiva que se advierte en Clichy.

Después de separarnos, nunca le guardé rencor. Estábamos encantados de vernos, y lo hacíamos como amigos, porque nos recordaba los buenos tiempos: habíamos hecho lo que habíamos hecho con pasión.

LOS POLÍGONOS DE VIVIENDAS

No hay que olvidarse de mencionar el mercantilismo que surgió en la década de 1930. Se atenuó con la llegada de la II Guerra Mundial, pero arremetió con una fuerza pavorosa al término de ésta. La arquitectura no fue ajena a ello, era una manera de hacer dinero. Se reconstruyó toda Francia a golpe de cifras de negocios, paquetes de honorarios: un desorden espantoso. Tal vez sea peligroso decirlo: son muchos los que tienen la impresión de que su manera de hacer las cosas era la correcta.

Yo era muy amigo de gente que estaba comprometida políticamente. El instigador era Eugène Claudius-Petit, un hombre de grandes cualidades que no tenía madera de hombre de Estado. Cuando fue ministro, todo su equipo era excepcional: en particular Paul Herbé, un verdadero hermano para mí, un hombre lleno de espíritu y de talento como muchos de los hombres que rodeaban a Claudius. Pusieron a trabajar a los más grandes. No eran tan malos: Bernard Zehrfuss, Jean Dubuisson, todo el taller Emmanuel Pontremoli, los que tenían la mejor formación de la época. Todos eran fanáticos de Le Corbusier. Fueron ellos quienes realizaron los polígonos de viviendas y también los responsables que estuvieron detrás de toda la arquitectura de la reconstrucción.

Se le confiaba la construcción de centenares de viviendas a un solo hombre. Ello podía dar lugar a una cierta unidad arquitectónica, lo que, de por sí, no es malo. Por primera vez, se asociaba el urbanismo a la arquitectura. Pero había una falta evidente de equipamientos.

Ahora nos parece que todo eso fue una catástrofe. Porque es demasiado pequeño. "¿Demasiado pequeño?", me dirá. ¡Pues sí, demasiado pequeño! Esos polígonos de viviendas no eran suficientemente monumentales, no suscitan emoción arquitectónica alguna, mientras que, cuando se construyen colectivos de viviendas, es para quedarse estupefacto. Y yo no siento nada, nada, ante ninguno de ellos. Por lo demás, tampoco hay que condenar los polígonos de viviendas porque fueron hechos por hombres que tampoco eran ningunos recién llegados. Todos lo hicieron adorando a Le Corbusier, reverenciándole, refiriéndose a él. Lo que no les impidió decir todo lo contrario cuando se le criticó. ¡Es humano! Cuando les acusaron, dijeron: "¡Es culpa de Le Corbusier!". El único que no lo dijo fue Herbé; era muy fiel. Si esos polígonos de viviendas son infernales, en ningún caso, a mi entender, es por culpa de Le Corbusier. Los principios generales, los grandes bloques, sus disposiciones, etc., se inspiran sin embargo en sus ideas... No hay mejores polígonos de viviendas en París que en Limoges o en Marsella, su calidad es prácticamente equivalente. Aunque ésta es una opinión personal.

Hoy en día, vivimos en el dichoso mercantilismo. Los arquitectos van de puerta en puerta para encontrar trabajo. Se convierten en representantes de su comercio. Para intentar vender, escriben a la administración, hacen propuestas a distintos ministerios con la esperanza de que les escojan. Se presentan a un concurso tras otro, ganan uno de cada cincuenta y se agotan. Me mortifica ver a los jóvenes arquitectos sin trabajo. La mayoría de las veces, los muchachos a los que conozco son muy inteligentes. Les veo perdidos. No creo que vayan a salir adelante creando sus propios despachos o "tirando" líneas para los arquitectos más famosos. Pierden la esperanza.

¿Qué decisión se tomará? Yo no veo más que una; la liberación total, ni ley, ni orden. El arquitecto es un hombre como cualquier otro que se vale de su talento, el público le escoge por su talento. Un hombre activo, dinámico, que trabaja en equipo más que a título individual —creo que ya nada se hace a solas—. Yo conseguí agrupar a mi alrededor a un equipo de personas que funcionaba en perfecta harmonía; con los arquitectos, también se puede hacer.

LA GRAN INDUSTRIA

De pronto, ya no quedan obreros que sepan tallar la piedra, ni hay buenos albañiles, así que hay que buscar por otro lado. Encontraron el hormigón, y lo han hecho todo de hormigón. El error está en haber generalizado. Conocí a Camus, que aportó el ladrillo de hormigón de gran formato; en esa época, era un ladrillo de mala calidad. Lo hablé mucho con él, le dije: "Te equivocas haciendo todas tus casas de hormigón. Deberías plantear tus estructuras de hormigón porque es duradero, pero el revestimiento debería ser ligero como el de las construcciones que hago yo". Me respondió: "Tengo que darle trabajo a mi fábrica de hormigón". El resultado final es que el hijo de Camus se lanzó a la construcción ligera, de un modo similar a lo que yo mismo hacía. A veces me pide consejo. Su padre conocía muy bien lo que yo hacía, pero quería hacer trabajar su fábrica de hormigón, cuando hubiera podido pensar una estructura inteligente y revestir sus casas con elementos más dinámicos, mucho más válidos desde el punto de vista térmico y desde muchos otros. Y yo se lo dije a menudo, sólo que..., un industrial tiene sus responsabilidades financieras...

No es nada extraño que las grandes empresas sean excelentes en el terreno de la ingeniería civil y de la obra gruesa, que tengan a gente cualificada. Pero se niegan a encargarse del conjunto de cerramientos, revestimientos y particiones, y los subcontratan. Con ello, aprietan a los subcontratistas. Suele ocurrir que todos los artesanos que trabajan para ellos acaben quebrando uno tras otro. Es lo habitual. He visto cosas abominables, chantaje: "¡Venga, hágame este encargo, que luego le contrataré para otros! ¡Venga, hombre!". La gran empresa gana dinero con las subcontrataciones, lo que, en mi opinión, hace que esta fórmula sea desaconsejable. La gran empresa es la única que tiene una organización y una administración que le permite la gestión, el pequeño empresario no puede hacerlo.

Ahí es donde les aprieta el zapato. El mayor mercado del mundo es el de la construcción. En Francia, en cualquier caso, es el sector que emplea a más gente, a un ejército de trabajadores. Además, es una cuestión electoral, por eso conduce a la especulación.

Estoy dispuesto a quitarme el sombrero delante del señor Bouygues, que salió de la nada, montó una empresa como la que le conocemos, trabaja en el mundo entero, y maneja tantos miles de millones como el Estado francés. Además, ha sabido rodearse de hombres elegantes, pagados todos con sueldos millonarios. Sin embargo, está sembrando Francia de horribles casitas unifamiliares. Conozco al tipo. Es difícil decir que un personaje como ese sea simpático. A los hombres como él se les llama peyorativamente tiburones; nada le detiene, todos los medios son buenos y él es un virtuoso manejándolos.

En la actualidad la gran industria tiene menos voluntad de aplastar a los que innovan y se apodera de la innovación allá donde la encuentra. Yo era de una inocencia pueril y me engañaron.

No obstante, durante los años sesenta, se llevó a cabo una política gubernamental de desarrollo de la gran industria y, por lo tanto, de la destrucción de la mediana industria. Asistimos en aquella época a la quiebra de montones de pequeñas empresas de calidad. Quiebras organizadas por el circuito bancario. Se las componían para poner al industrial de rodillas y comprarle la empresa a la baja. Su idea consistía en obtener del industrial la materia gris de la que ellos carecían. Decían: "Vamos a contratar de nuevo a los ingenieros y eliminar así a un competidor". Era claro y categórico. Pero la materia gris no respondió, se desinteresó de su trabajo; ya no había ni siquiera un interés directo por la creación. De modo que condujo al fracaso.

Sólo hace poco, después del cambio político, se habla de desarrollo de la mediana empresa. En Francia no se hace nada porque cualquier medida encuentra siempre oposición. No funcionará jamás, pero, incluso en este contexto, algo acabará por realizarse.

INDUSTRIALIZACIÓN / PREFABRICACIÓN

Sólo la necesidad condujo a que la construcción se interesara por la industrialización en la posguerra. Antes de la guerra se hablaba muy poco de ella, éramos sólo tres o cuatro en Francia los que intentábamos provocar una evolución arquitectónica basada en la producción industrial. Yo era uno de los que abogaba por ello. Después de la guerra esta idea se recuperó, pero se privilegió una industrialización del tipo Camus o Coignet, que desde hace algún tiempo recibe una condena unánime y ha dejado de ser apreciada. Verter tal cantidad de hormigón ha dado mucho dinero, y con las técnicas industriales que empleaban estas gentes se hubiera podido hacer grandes cosas. Pero no fue el caso.

El hormigón no tiene que verterse necesariamente *in situ* y eso es una ventaja. Esta técnica de vertido se asemeja a los procedimientos empleados para la fundición. Pues bien, las piezas de fundición creadas para la aeronáutica o para los automóviles revelan la técnica con la que fueron fabricadas; secciones variables, formas de resistencia equivalente, alabeos. Son la expresión misma de las posibilidades que ofrecía el proceso técnico. Al contrario, con el hormigón se esforzaron por construir vigas y pilares, en realidad, simples planchas. Hubieran podido hacer algo diferente. Era tan banal, aportaron pequeños biseles, detalles de nada. En tiempos bastante recientes hemos vuelto al hormigón arquitectónico: el panel plano ha pasado a ser abombado, ovalado, se han empezado a realizar ventanas en relieve, montones de cosas... En el fondo, no era ninguna tontería, pues la técnica del vertido del hormigón lo permitía. Se dieron cuenta de que todo era posible. No obstante, en mi opinión, no siempre se utilizan de manera juiciosa las posibilidades que ofrece la técnica.

¿Hay alguien que crea que en todas esas realizaciones que utilizaron tal o cual procedimiento contó mucho la creación arquitectónica? El contratista retomaba los planos, los modificaba, porque los planos tenían que coincidir con los procedimientos. El contratista era el que imponía sus módulos, a lo largo, a lo ancho y del través. Así que los elementos que se ha dado en llamar componentes, se fabricaban en la fábrica y mediante la técnica del vertido. El término implica una ambigüedad, pues esos componentes se ensamblaban *in situ* con lo que llamaré cola. Cabe preguntarse si no hubiera sido mucho más barato verter el hormigón *in situ*, llevar a la obra arena o algún otro tipo de áridos, cemento, agua, fabricar los moldes y verter el hormigón *in situ*, en lugar de hacerlo en una fábrica que, a menudo, estaba ubicada lejos del lugar del montaje. Algunas veces, los camiones no podían transportar más que un panel porque ya de por sí pesaba veinte o treinta toneladas. Yo nunca lo entendí. En la actualidad lo han comprendido e instalan pequeños talleres de prefabricación a pie de obra.

Esta prefabricación pesada que hoy se condena es obra de un grupo de hombres que crearon esta moda y marcaron la tónica para toda Francia. Finalmente, en todos esos edificios construidos por Camus, por su sucesor y más tarde colaborador Coignet, y por otros fabricantes de hormigón industrializado, la única variación que se producía en la arquitectura era si el arquitecto ponía más o menos balcones, si jugaba con las distintas proporciones de las ventanas o si añadía un toque de policromía. El único que lo consiguió fue Émile Aillaud: comprendió que, a partir del momento en que se vertía un panel de hormigón, no había ninguna dificultad en horadar otras partes, y del modo más inusual. Con todo, seguía partiendo de un módulo. Sus apartamentos no son mejores que los otros, pero, a pesar de todo, supo utilizar la construcción de hormigón para crear ciudades.

Dicha construcción industrializada no era menos cara que la tradicional. En aquel momento me di cuenta de que, cuando se hacía competir una gran empresa como la de Camus con la de un pequeño constructor local por la construcción de las mismas viviendas, el pequeño constructor local que trabajaba con medios tradicionales iba mucho más rápido y era menos caro que Camus. Estaba clarísimo. Y el pequeño constructor estaba contento de haber hecho su pequeño edificio a lo largo del año. La diferencia está en que Camus construía muchos más, y como necesitaba construir muchos más, aportaba lo que se da en llamar prestación de servicios. Pero lo hacía pagar caro, horriblemente costoso, pues el precio de la vivienda de paneles de hormigón resultaba escandalosamente caro. En mi opinión, se podría reducir sensiblemente el coste y, a la vez, aumentar la calidad, naturalmente.

He estado siempre en contra del sistema de la creación de los componentes: no se puede hacer arquitectura con componentes que no son coherentes entre sí; no se puede hacer arquitectura partiendo de una pieza suelta, no ha funcionado jamás. Se plantearon los concursos del CSTB, concursos y más concursos de componentes; yo mismo participé en ellos. No sirvió de nada, aunque los arquitectos apostaron mucho por esa idea. Paul Chemetov, por ejemplo, fue uno de los que la apoyó. No le gusta hablar del tema porque resulta que no ha funcionado. Por otra parte, Paul Delouvrier, que presidía la política de componentes del Plan Construcción, ha reconocido recientemente que fue el fracaso de su vida. En América, sólo se puede construir escogiendo los elementos de construcción por catálogo. Es una arquitectura abominable.

Mi propuesta era distinta. A mi entender, hay que proponer siempre un conjunto y no un fragmento. Todo ello para evitar que aparezca un industrial y se diga: "Mira, haré una ventana, me informaré sobre la normativa, determinaré las dimensiones de mi ventana y luego se la venderé a los arquitectos". Mi idea consistía en que las propuestas debían plantear cosas completas, del mismo modo que un fabricante de neveras o automóviles fabrica un objeto completo. Todos los elementos que lo constituyen son en principio coherentes entre sí, se armonizan, se ensamblan.

Casa de Jean Prouvé en Nancy.

Hay que partir de ahí para crear variaciones. Así, esta casa de Nancy es una variación: los paneles proceden del *stock* restante de las casas que fabricaba, y que estaban destinadas a las regiones liberadas tras la guerra, o bien del que se utilizaba para construir los silos. Eran parte integrante de una producción coherente.

Sólo que yo supe cómo hacer variaciones, exactamente como supo hacerlas Bach sobre ciertos temas. Otros no habrían sabido, pero yo supe porque comprendí. Lo que conducía a una gran variedad, a una unidad estructural y una variación de los elementos. No sé si se podría establecer un paralelismo con el cuerpo humano: aunque esta imagen sea sin duda un poco simplista, se puede señalar, sin embargo, que la estructura es comparable en todos los hombres y que eso da resultados totalmente distintos en el acabado. ¿Por qué? Se trata una vez más, simplemente, de una variación sobre un tema conocido. Y esto nos remite a una manera de fabricar, de ensamblar las cosas entre ellas, sean pequeñas o grandes.

UNIFORMIDAD

A menudo, las críticas de mis ideas sobre la industria eran relativas a la uniformidad: ese camino conducía hacia una arquitectura estandarizada en toda Francia. Mi respuesta fue inmediata: "Se equivocan por completo, no hay nada tan cambiante como la industria. Miren un avión de 1900 y un avión de nuestros días y verán que no es el mismo, sin embargo es un producto industrializado".

He rechazado siempre de forma categórica la objeción de la uniformidad. Por lo demás, es fácil de rebatir, basta con analizar las producciones industriales para constatar que no hay nada que varíe tan rápido como éstas. El cambio es prácticamente anual. El vestido que compraron el año pasado es distinto al que comprarán este año: es una producción industrial. El coche que comprarán este año será distinto del que comprarán el año que viene. Hay una evolución permanente. Y, no obstante, se fabrican muchos automóviles y muchos vestidos de un tipo determinado. Se podrían fabricar muchas casas de un tipo determinado y yo estoy convencido de que, si se concibiera bien la industrialización, en virtud de las circunstancias, de la investigación de la economía y del perfeccionamiento del tipo, la casa del año en curso sería distinta de la que se hará el año siguiente... De modo que no hay que tenerle miedo a la uniformidad. La industria permite la renovación y, gracias a ella, la evolución arquitectónica.

¿Por qué dirigía yo mis esfuerzos hacia la industrialización y por qué era un defensor de la misma? De entrada, yo era un industrial, pero no era una persona interesada. Pensaba, simplemente, que había otros medios para resolver el problema de la vivienda. Algunos creyeron resolverlo con el hormigón armado industrializado, pero lo resolvieron haciendo mal las cosas, construyendo edificios a golpe de grúa. Ello, evidentemente, también estaba condicionado por una economía determinada, por la amortización en superficies de forjado.

Así que, bien, esta arquitectura de los polígonos de viviendas era industrializada, pero yo, por mi parte, veía otra industrialización, mucho más dinámica.

El desastre continúa. Sólo que los encargos están algo más repartidos. Un gran estudio de arquitectos de hoy en día está contento cuando le encargan doscientas viviendas. ¡He conocido estudios que han realizado hasta sesenta mil! Los industriales del hormigón empiezan a estar muy inquietos.

La industrialización, en mi opinión, era la solución, ya que supone una pequeña parte de lo que se construye en Francia. También se apoderaba de mí la sensación de que se hubieran podido colocar las casas de Meudon o la casa del padre Pierre en el suelo de Bretaña o en la montaña: no tenía nunguna intención de vincularme a una arquitectura regional, ello constituye, creo, un craso error. Es posible que también fuera un razonamiento doctrinario, un razonamiento de industrial.

Todas esas casas que vemos que se construyen en Francia las firman arquitectos que se remiten a una arquitectura local. Pero basta con contemplar las casas viejas y las nuevas para entender que no es así. Porque el carácter no está, y los materiales tampoco. Un ladrillo de terracota copiado en material plástico salta a la vista. Y resulta falso. Pero la vieja casa regional francesa, sea en la región que sea, provoca una emoción. Ninguna de esas pequeñas casas que vemos en Bretaña o en otra parte provocan emoción alguna. Se queda uno inerte ante ellas, como ocurre con una mala música.

Piensen en todas esas urbanizaciones que yo califico como urbanizaciones de juguete, porque no se sabe si son las urbanizaciones las que parecen juguetes o si son los juguetes que se dan a los niños los que copian las urbanizaciones. Urbanizaciones que vemos proliferar en Francia alrededor de nuestras ciudades y en pleno campo. En los trayectos semanales que hago entre Nancy y París, veo pasar ciudades, periferias, a través de la ventanilla del coche y, salpicando el campo, todos esos pueblos de casas pequeñas, abominables desde el punto de vista arquitectónico, y que tienen la pretensión de estar vinculados con el pasado.

Se edifican, a la vez, construcciones que se califican de construcciones de prestigio; y que devoran millares de millones. No las condeno porque, al parecer, son públicas. Cada época tiene que dejar su huella. Pero nada deja mayor huella en materia arquitectónica que la excepción. Es desolador. Aunque, algunas veces, estas excepciones tengan calidad arquitectónica, en mi opinión, no suelen poner de manifiesto las preocupaciones primordiales: la simplicidad, la verdad relativa a la construcción y el sentido común. ¿Por qué construir esos palacios, esos monumentos, cuando todo podría ser tan simple? La emoción procede de la arquitectura simple, legible; los espíritus necesitan que las cosas sean legibles. Y una arquitectura que revela su constitución, del mismo modo que un ser humano revela su constitución, revela a la vez sus objetivos, y todo ello sin camuflaje y, sobre todo, sin artificios.

Soy categórico, no es la forma lo que hace bella una cosa, sino sus características. La gente se siente atraída por la arquitectura del pasado, que llega al corazón de todo el mundo, de todos. Porque les conmueve profundamente la honestidad de esas viejas arquitecturas. Y, en mi opinión, esa honestidad es ante todo técnica. Acabo de pronunciar la palabra horrible, la palabra que da miedo...

UNIDAD

Es normal que la construcción se beneficie del espíritu industrial, pero es difícil alcanzarlo por los motivos que he evocado. La composición arquitectónica es un arte comparable a la pintura o la escultura. Se le ocurre a un hombre más o menos genial que la compone en su dibujo. Era así a principios de siglo, había buenos arquitectos y buenos maestros de obras. Los arquitectos seguían a sus maestros de obras. A principios de siglo, en Nancy se levantaron casas construidas en su totalidad en piedra esculpida, unas casas fantásticas, muy bien ejecutadas.

Emmanuel Héré era el arquitecto de la plaza Stanislas, el Ricardo Bofill de la época. La plaza se proyectó en fachada y la gente compró fachadas, unos compraron el obispado, otros el museo, etc. Los edificios se personalizaron y se destruyó el ritmo impuesto por la plaza de la Carrière: un ritmo de dos ventanas, con planta noble, planta baja, ático y donde todo estaba determinado a partir de un ancho establecido. La plaza de Carrièrre era uno de los ejemplos de urbanismo más bellos del mundo. Todas esas terrazas de los planos de Germain Boffrand eran accesibles. La gente iba allá con sombrillas. Lo destruyeron todo, empezaron por incumplir las ordenanzas con añadidos, con la superposición de otras construcciones. No se evitó. Cuando fui alcalde de Nancy,[22] intenté recuperar todo aquello, derribar todas las *chambres de bonne*[23] que se habían construido. Debo decir que no lo conseguí... La gente quería conservarlas. Estaba todo muy destrozado. Como anécdota, recuerdo que, durante la guerra, restauré las verjas de la plaza Stanislas. Había unos castaños espléndidos ante esas verjas, que envejecían. Vino a verme una delegación de protectores de Nancy para pedirme que talara esos árboles, ¡para sustituirlos por árboles de hoja perenne! Me sublevé tanto que sólo los de patrimonio consiguieron calmar la cosa.

"Hacemos esto porque es lo que le gusta a la gente", este es el razonamiento de los promotores, de los responsables de la construcción. "Construimos lo que sabemos que vamos a vender.

[22] Jean Prouvé fue alcalde de Nancy, nombrado por el Comité Départemental de Libération, entre 1944 y 1946. No se presentó a las elecciones de 1946. También fue delegado a la Asamblea Consultiva que se creó después de la Liberación.

[23] N. de T.: Las *chambres de bonne* eran pequeñas habitaciones construidas en las mansardas de los edificios tipo Haussmann, y que estaban destinadas a alojar al personal de servicio de las familias burguesas que vivían en las plantas nobles del mismo edificio. Además de exiguas, carecían de aislamiento térmico y, a menudo, de agua caliente.

La gente lo comprará porque es lo que necesitan." ¡Eso sí que es minusvalorar a la gente! La gente es mucho mejor, es totalmente capaz de juzgar cualquier realización contemporánea. Valora aquello que le interesa y que no es relativo a la vivienda: el crío de seis años sabe escoger perfectamente la bicicleta más bonita y, más tarde, sabrá escoger perfectamente la moto más bonita. Sin embargo, cuando vemos en qué tipo de casas se refugia, resulta aterrador. Si tuviéramos el valor de experimentar, de revelar lo que podría ser una arquitectura de época, creo que descubriríamos una arquitectura extremadamente inventiva, alegre y variada. Digo variada… porque oigo decir a los arquitectos: "No hagamos ciudades aburridas, creemos las arquitecturas más variadas posibles". Lo que significa que quieren hacer una obra y firmarla; tantos arquitectos, tantas obras firmadas. Las ciudades antiguas que todos admiramos, que nos atraen, no son variadas; son ante todo unitarias. Las grandes arquitecturas parisinas, los grandes conjuntos urbanísticos, son conjuntos unitarios. La calle Rivoli tiene su unidad, la plaza Des Vosges es algo uniforme, el Palais Royal es una composición homogénea. No hay nada tan descansado como una composición de conjunto que tenga unidad. Contemple un pueblo saboyano en la montaña, no hay más que unidad.

LAS CASAS

Las casas de Meudon[24] recuperan la idea de los alojamientos prefabricados que se proyectaron para las bases aéreas en 1938. Se montaban en un día. Tras la guerra, el ministro Raoul Dautry me encargó mil doscientos alojamientos de ese tipo, de seis por seis metros, para los afectados. Pero el Estado no los llevó a cabo. Las habría fabricado sin problemas.

Casas de Meudon, casa tipo Métropole.

[24] Carretera des Gardes, Meudon.

Casas de Meudon, casa tipo cáscara.

Mis casas son muy simples porque creo que la industrialización sólo puede hacerse con el mínimo de piezas. Si hay demasiadas piezas, no funciona. Los pernos son un accesorio a eliminar. Cuando en una casa hay cinco mil pernos, hay que ajustar los cinco mil. Lods se equivocaba por completo. Se dio cuenta y dio marcha atrás. Tuvo sus problemas.

Las casas de Meudon asocian el acero, el aluminio y la madera. Había que inventar. Trabajábamos un material nuevo, el aluminio. Estábamos inquietos, buscábamos. Y, en nuestros descubrimientos, en todo lo que nos imponíamos, no siempre teníamos éxito. Era una de nuestras preocupaciones. En las cubiertas, por ejemplo, cometimos algunos errores. No estaban insonorizadas. Ahora, las insonorizaríamos. En la zona hay castaños y el ruido de impacto es destacable:

le aseguro que el ruido de una castaña cuando cae sobre un tejado es capaz de despertar a cualquiera. Realizamos los paneles de las fachadas completamente aislados, esto provocó algunos problemas de condensación. El efecto del hielo sobre la fibra de vidrio destruía las cualidades aislantes de la misma. En esa época se disponía de fibra de vidrio a granel. Ahora existe fibra de vidrio aglomerada donde no penetra el agua. Normalmente, la ventilación con entrada y salida de aire hubiera debido bastar para evitar esos problemas. Se han perfeccionado un montón de cosas. Cometimos bastantes equivocaciones, pero los únicos que no se equivocan son los que no construyen.

Desapruebo la parte de albañilería de las casas de Meudon. Había concebido las casas para que se pudieran posar sobre el suelo de un modo muy simple. El suelo tenía pendiente. Era fácil colocar pilares de diferentes alturas. En realidad, sólo tres casas pudieron posarse sobre el suelo, las de la parte superior. Su realización había sido confiada a dos arquitectos, André Sive, un húngaro, y mi hermano Henri, quien, en ese momento, trabajaba en mi empresa y había proyectado parte de las casas. Pero no sé por qué les dio por hacer de esas casas un manifiesto arquitectónico. Yo estaba furioso. Les dije: "Construís garajes y *chambres de bonne* que resultan más caros que la misma casa. Me parece completamente estúpido. Ponedlas en el suelo y todo irá bien. Esas casas se hicieron para ser depositadas en el suelo". Considero que, en Meudon, eso constituye un error muy grave, un error que ha sido ruinoso. Estas casas habían sido concebidas para construirse con elementos muy fáciles de montar sin necesidad de andamios. Las piezas más pesadas requerían de dos hombres para su transporte, no más.

La idea consistía en construir casas efímeras, disponibles para una generación. Nunca se me ocurrió que, al cabo de cuarenta años, estuvieran todavía habitadas. Estaban destinadas a alojar a gentes muy humildes, pues eran casas de bajo coste. En cambio, las transformaron en palacetes que se repartieron entre algunos funcionarios. Como el terreno era muy caro —era un parque magnífico, admirablemente situado respecto de París—, imagine lo que tardaron los funcionarios de los ministerios que no disponían de alojamiento en inscribirse. No fueron en modo alguno las familias de renta moderada las que se alojaron allí. En mi opinión, esto era lo contrario de lo que se pretendía.

El principio constructivo de las cáscaras de la casa Alba consistía en fabricar volúmenes huecos y llenarlos de aislante. Las espumas a presión que se emplean actualmente no existían, en la época se utilizaban aislantes laminados que, pese a todo, eran eficaces. Habíamos imaginado fachadas perforadas con agujeros extremadamente variados, agujeros más bajos, más altos, de modo que, en determinados dormitorios, la ventana estuviera situada a la altura de la cabeza cuando está uno tumbado en la cama. El nombre de la casa expresaba la asociación entre el aluminio y el hormigón armado. Maurice Silvy colaboró mucho en el proyecto.

Casas Alba, núcleo de instalaciones.

La casa del padre Pierre —se llamaba en realidad la Casa de los Días Mejores— fue concebida según los mismos principios. Proviene de la casa Alba. Para ejecutarla con rapidez —se realizó en un mes y

Casa del padre Pierre.

no tuvimos tiempo de crear nuevas herramientas para ello– todas las superestructuras de madera estaban resueltas con los paneles Rousseau que se utilizaban originalmente para construir silos. Esta vez no pudimos plantear el núcleo de instalaciones con hormigón vertido in situ porque no disponíamos de encofrado. Así que lo único que realizamos de hormigón fue el zócalo que formaba la base de la casa; encima de él colocamos un núcleo de instalaciones prefabricado de metal con una viga, etc. Era realmente como hormigón hecho en fundición. En el interior, ese zócalo proporcionaba un banco en todo el perímetro de la casa que permitía sentarse. En planta, la posición del núcleo de instalaciones permitía abrir las vistas. Por motivos de aislamiento, ese zócalo de hormigón estaba enterrado y rodeado de un talud de tierra donde se podían plantar flores... Por este motivo, vista desde el campo, la casa del padre Pierre parecía algo muy bajo, extremadamente bajo, colocado sobre un talud. Sobre el terreno quedaba muy bien. Fue lo que cautivó a Le Corbusier: escribió que era la casa más bonita que conocía. Le satisfacía completamente.

Mi casa de Nancy[25] es un caso muy particular. Está realizada con elementos recuperados de mis talleres. La construí yo mismo, en 1953, 1954, con mi mujer y mis hijos, en el momento en que dejé mi fábrica de Maxéville. Ya tiene veintiocho años y no ha cambiado, está intacta. Es ligera pero está bien aislada. En esa época ya nos preocupaba el aislamiento, los puentes térmicos, todas esas cosas de las que hoy se habla tanto. Era una especie de demostración, yo asociaba la madera al metal, y proponía una estructura de casa muy particular. La hicimos con cosas de aquí y allá. Por eso tiene un aspecto heterogéneo. No tiene ninguna importancia. Es un poco un apaño, pero todos los elementos se ensamblaron entre ellos sin problemas.

La casa sahariana de 1958 es, en el fondo, una casa tradicional respecto de las costumbres saharianas. Se compone de un gran parasol con su estructura para que se tenga en pie, paredes bajas y, en el interior, compartimentos habitables, un compartimento comedor, cuarto de aseo, etcétera.

---

[25] En la calle Auguste Hacquard nº 6.

LE CORBUSIER

Le Corbusier era cerebral, pero también era un hombre con sus pulsiones internas. Para determinadas cosas, poseía una profunda inspiración. Sin embargo, considero que tenía una visión decorativa de las cosas, aunque se interesara de cerca por la ejecución. No lo rechazo porque dicha visión era voluntariamente contemporánea. Puede parecer una crítica un poco dura porque era muy funcionalista... Muchos arquitectos condenan el funcionalismo, pero yo les diría: "Mejor que funcione que lo contrario".

Siempre gocé del favor de Le Corbusier. Y, por mi parte, le admiré muchísimo. Conocí a un personaje que no reconozco en las palabras de los demás. Con todo, nuestras ideas sobre la arquitectura eran completamente distintas. Sólo hice para él detalles de sus construcciones. Para la Unité d'Habitation, construí todos los forjados de las células que son forjados acústicos; también realicé todas las escaleras de acceso al entresuelo. Me parecen bastante logradas.

Pero yo había estado presente en los inicios del proyecto que se dibujó para la Unité d'Habitation de Marsella, y no fue eso lo que se llevó a cabo. Así que, finalmente, no tuve responsabilidad arquitectónica en el proyecto. Ya sabe que la Unité está compuesta de células que se inscriben dentro de una estructura de hormigón, la famosa idea del botellero, donde las botellas son los apartamentos. En realidad, en Marsella, esa idea no se respetó. Yo había dibujado dos sistemas constructivos para Le Corbusier, uno en metal y otro en hormigón, con el objetivo de respetar su idea y poder realizar células completamente prefabricadas en el suelo para introducirlas después en el famoso botellero. Pero los ingenieros se rajaron. Concebí esas unidades en yeso. Como ve, no tengo materiales favoritos. Escogí el yeso porque es un material que resiste bien al fuego y a su vez, protege. Yo mismo había dibujado las células con toda la técnica de montaje, toda la estructura. Se le mandaron los dibujos a Le Corbusier, pero no creo que los hayan encontrado en los archivos de la fundación. Supongo que los debe tener Georges Candilis, que en esa época era un colaborador de Le Corbusier y, seguramente, tuvo algo de celos y los traspapeló intencionadamente. Los hombres son capaces de cosas muy curiosas por ese motivo, ¿sabe? Le Corbusier venía a ver lo que yo hacía. Acudía a mis talleres, apreciaba mi manera de pensar aunque estuviera muy lejos de la suya. A lo largo de su vida no dejó de recurrir a los industriales: "Que los industriales vengan a mí y haremos una arquitectura industrializada". Yo era un industrial que practicaba. Aunque, en realidad, Le Corbusier no llegó a ponerse de acuerdo con los industriales porque era un individualista, en el fondo, un artesano. Había un aspecto artesanal en todo lo que hacía. Ese hormigón chapucero, esa voluntad del hormigón en bruto, de las rejillas un poco de través, todo eso es absolutamente contrario a lo que yo pensaba y, sin embargo, me tenía un gran aprecio.

Cuando nos veíamos discutíamos acaloradamente, aunque la armonía era siempre total; teníamos dos concepciones distintas de la arquitectura. Aun así, fui un gran admirador de un proyecto como la Sociedad de Naciones, por ejemplo. ¡Cuando uno ve lo que se hizo, sabiendo lo que eso hubiera podido llegar a ser! Muchos arquitectos actuales intentan demostrar, de manera simplista que fue una suerte no haber hecho lo que proponía Le Corbusier, pero no comparto su opinión.

El convento de La Tourette tiene mucha presencia. Voy a menudo a Ronchamp porque está en mi región. De entrada, consideré que era una escultura, una arquitectura compuesta como una escultura. ¡Le Corbusier habría muerto de apoplejía si alguien se lo hubiera dicho! Pero es lo que yo pensaba, y, en cierta medida, sigo pensando.

La Villa Savoie está bien, es pura. Pese a que no estoy seguro de que sea muy pura desde el punto de vista constructivo. Las casas Jaoul lo son todavía más con sus bóvedas a la catalana. Pero el modo cómo Le Corbusier empleó el hormigón revela, desde mi punto de vista, cierto exceso, con sus voladizos, montones de cosas nada fáciles de hacer. Sigo siendo un admirador suyo: busquen en toda la historia de la arquitectura a un hombre que haya convulsionado tanto el mundo con sus ideas sobre el mundo industrial, la ciudad industrial, etcétera. Propuso un urbanismo de conjunto, para gentes que trabajaran cerca de sus viviendas, en una serie de grandes edificios. A Le Corbusier le engañaron: las Unités de Marsella, de Briey y de Nantes son edificios bellos pero no revelan nada de sus ideas sobre el urbanismo. Son objetos de Le Corbusier.

Dibujó ciudades magníficas: la ciudad de Saint-Dié para después de la guerra, era una maravilla. El proyecto de Argel, formidable, el de La Rochelle, el de Meaux cerca de París... Sus supuestos amigos no querían permitir que se llevara a cabo. El plan Voisin era, pese a todo, una propuesta para sanear todo el norte de París sin tocar el París histórico. Partía de un respeto total por la historia. Y situaba sus etapas a lo largo del Sena hasta el oeste. El plan Voisin saneaba los barrios un tanto insalubres. Proponía lo que hacen los americanos: grandes edificios y, entre ellos, vías de circulación. Brasilia es así, y no está tan mal. Se produjo un ensañamiento contra esas ideas, hay un tipo de gente se ensaña siempre... Las *villes nouvelles*: ahí es donde él hubiera sobresalido. Igual que le confiaron Le Havre a Auguste Perret, que no está muy logrado... Perret, que era una gran persona, ya había envejecido en ese momento.

Siempre me interesaron los problemas del urbanismo, aunque nunca practiqué. Nunca imaginé una arquitectura sin imaginar un urbanismo. Mantenía un intercambio de opiniones con los urbanistas, hablábamos.

Me relacioné mucho más con Pierre Jeanneret que con Le Corbusier, especialmente durante la guerra. La posición de Le Corbusier durante esa época me sorprendió un poco: le faltó tiempo para visitar al gobierno de Vichy. ¡Le Corbusier habría hecho sus *pilotis* en todas partes para demostrar que había que hacer *pilotis*!; todos los medios eran válidos. Fíjese, le echaron de Vichy, no se lo pensaron dos veces.

Así que veía regularmente a Jeanneret. Juntos empezamos a hablar de Issoire.[26] Le había impresionado mucho el sistema de construcción que yo practicaba y lo adoptó para Issoire, donde, como arquitecto, llevó a cabo un conjunto importante basándose enteramente en mi sistema. Fue Jeanneret el que hizo que uno de los edificios fuera bastante más alto, a causa del entresuelo interior. Es un edificio muy bonito, y está muy bien proporcionado. En realidad, las proporciones de las ventanas eran las mías. ¡Y recuerdo que Le Corbusier me felicitó por haber adoptado el Modulor, en el que yo ni siquiera había pensado!

ASCORAL

En la época de la ASCORAL,[27] el gusano ya estaba en el fruto de Le Corbusier. Había algunos entusiastas que se instalaron en su taller y empezaron a dominarle. Si la memoria no me falla, estaba sobre todo Bodiansky, lo que no le resta talento. Era un chico bastante genial, procedía de la aviación, pero un poco paranoico y un poco loco. Lods le explotó más allá de lo imaginable, como me explotó a mí mismo. Bodiansky trabajó mucho con Candilis.

La ASCORAL pretendía ser una prolongación eficaz de los CIAM. El objetivo consistía en tener un organismo ejecutor. No duró mucho tiempo.

Recuerdo a arquitectos que habían elaborado grandes discursos sobre la diversidad de la arquitectura provenzal. Y que habían

---

[26] Realización de quince edificios con pórticos centrales en Issoire (Puy de Dôme).
[27] Assemblée des Constructeurs pour une Rénovation Architecturale (Asamblea de Constructores para una Renovación Arquitectónica).

tomado la palabra para decir: "Seamos serios, no se trata de diversidad, sino de unidad absoluta". Claude Parent me dio la razón. Lo que es raro por su parte.

PROPUESTAS PARA LOS CIAM

Los CIAM[28] sólo trataban de urbanismo. La pregunta que planteamos en el penúltimo congreso CIAM de Aix-en-Provence en 1953 era: "Pero, ¿qué arquitectura debe construirse en vuestro urbanismo?, ¿cómo hacerla?".
¿Cuál era nuestra idea? Digo "nuestra" porque se planteó en equipo. Estaba Tarik Carim, gran talento turco, que se encargaba del urbanismo de la ciudad de Estambul y, sobre todo, Belmont, Silvy y yo mismo. Como yo veía a menudo a Le Corbusier, pues formaba parte del Comité de los CIAM, luego se lo contaba a los chicos. Un día, en el curso de esas conversaciones, pensamos que los CIAM no proponían más que un urbanismo, pero que no hacían referencia a la arquitectura que se podría construir dentro de ese urbanismo ni se preocupaban por ella. Nosotros estábamos interesados en una arquitectura cuya evolución derivara de la industria y no del pequeño artesanado, de las pequeñas empresas, sino de la gran empresa, es decir de la industria. Nos pareció que sería interesante tomar una parte de la exposición de los CIAM de Aix-en-Provence. Acuérdense: las propuestas de los CIAM se presentaban en cuadros, todos los documentos estaban inscritos en esos cuadros de dimensiones muy determinadas. Redactamos entre sesenta y noventa documentos. Eran propuestas arquitectónicas derivadas de la industria. Los presentamos y causaron sensación. Los organizadores no se lo esperaban.

---

[28] Los Congrès Internationaux d'Architecture et d'Urbanisme, fundados en 1929, fueron disueltos en 1959. El de Aix-en-Provence era el noveno.

EL FIN DE LOS TALLERES

Este asunto es muy extraño. Es tan simple y claro como la luz del día, aunque con un fondo de drama. Fui yo quien se marchó, quien huyó, quien dejó una fábrica que, tras treinta años, contaba con trescientas personas, y abandonó unas máquinas fantásticas que, poco a poco, había podido adquirir.

Yo hacía cosas estudiadas para una gran difusión. Por desgracia, si es que puede decirse así, trabajé con aluminio durante la guerra. Se dio la circunstancia de que lo que yo había realizado sedujo a unos fabricantes de aluminio, quienes, en esa época, buscaban una fábrica para desarrollar el empleo de ese material en la construcción. Me pusieron en su punto de mira. Vinieron a Nancy para decirme: "Vamos a aportar capital para ampliar su fábrica, para desarrollar todo lo que hace". Simplifico lo que ocurrió, llegaron con dinero. Para crecer, hacía falta dinero, yo no lo tenía y, por lo tanto, tenía que venir del exterior. Les acogí encantado. Naturalmente, tenía muchas perspectivas de encargos. Pero, junto con el dinero de Péchiney, se presentaron también unos hombres. Y fue la incomprensión absoluta. La organización de mi fábrica estaba mal vista por Péchiney. No entendían nada de lo que yo hacía, quisieron hacer otra cosa. Su objetivo consistía en vender toneladas de aluminio. Buscaban una clientela distinta. Así que un elemento constructivo se convirtió en un elemento decorativo. Les daba todo lo mismo. Ya no investigaban, siendo como era la base del éxito de mi fábrica: siempre hay clientes que se interesan por las cosas.

En el momento en que el Estado, o no sé quién, hizo un gran encargo de casas, y a pesar que el sistema constructivo de la casa de Meudon estaba listo, vendieron un tipo de casa diferente: una patente canadiense que utilizaba más cantidad de aluminio. Yo lo encontré de mal gusto. Presionaron tanto en ese sentido que me entraron instintos homicidas. Se convirtió en una historia pasional: una fábrica que yo había creado y que veía demoler bajo mis ojos a la vez que se manipulaba el personal. Cosas escandalosas. Descubrí instintos asesinos en mí. Pero pensé que matar era una tontería. Así que me marché, cerré la puerta de la fábrica y nunca volví a entrar en ella. La cuestión no quedó nunca bien zanjada porque herí el amor propio de Péchiney: eso no se hace, carecía de habilidad y de diplomacia. Fue a partir de ese momento cuando se construyó nuestra casa de Nancy. Y se pudo hacer gracias a antiguos empleados que estaban de mi lado, y que fueron apartando cosas y me las entregaron un poco de tapadillo con los camiones de la fábrica. Eso es todo.[29]

Hay que decir que a partir de que la fábrica pasó a manos de Péchiney no hicieron nada interesante, nada que haya dejado huella y tuvieron tres quiebras, la segunda de una decena de miles de millones; la tercera supuso el cierre de la fábrica. Maxéville es una fábrica abandonada. Están liquidando las máquinas, lo venden todo.

Tuve a una secretaria notable durante los años de Maxéville, la señora Pélissier. Ella conoció todas las intrigas, todas las perrerías. Pude, gracias a ella, recuperar las copias de las cartas de algunos de mis colaboradores después de la debacle de mi fábrica, en ellas destacaban su reprobación. Son cartas de gente que lo entendió todo. Hubo, evidentemente, quienes salvaron su lugar de trabajo ante todo, tenían familias a su cargo. Muchos vinieron a verme, otros no, por timidez. Son gente humilde.

De modo que fui yo el que huyó de la fábrica. Sólo que ya tenía cincuenta y dos años y, a partir de esa edad, me dediqué a hacer apaños, se lo digo a todo el mundo. Y eso es algo que deploro. No he estado inactivo, me he dedicado a la enseñanza, pero ya no tenía razón de existir porque ya no tenía la herramienta que estaba en la base de mi inspiración. No he tenido ningún período feliz

---

[29] En realidad, los elementos constructivos fueron facturados por Studal, filial comercial de Aluminium Français, con un descuento por la compra que se hacía a clientes grandes.

desde que perdí mis talleres. He hecho mi trabajo con seriedad, pero sin entusiasmo alguno. Estaba desfasado, ya se ve.

    Es difícil para alguien joven decir: voy a montar un taller en el que voy a fabricar tal cosa. Se monta un taller para ir solucionando las cosas día a día y luego las ideas se desarrollan a medida que las cosas se van haciendo. Así que nunca se sabe de antemano lo que se hará después. Cuando monté mis talleres, no sabía exactamente lo que haría. Iba en pos de cosas determinadas, pero no las veía todavía en el espacio. Hay ejemplos de gente que se agrupa para montar un taller que, rápidamente, se convierte en grandes fábricas. Pero no me viene a la mente nadie que haya hecho eso en mi oficio. Si repasamos todos los constructores de casas unifamiliares, es desesperante. Si repasamos a las grandes constructoras, constatamos que lo único que hacen bien son los trabajos de obras públicas.

DESPUÉS DE MAXÉVILLE

Imagine el estado de ánimo en el que se puede estar cuando abandona uno la fábrica que ha creado partiendo completamente de cero. No lo hice por capricho, no, lo razoné mucho. Ante tal incomprensión, ya no tenía nada que hacer ahí. Es un período que aún hoy me sigue resultando penoso. Un período que soporté durante estos treinta años porque era preciso, porque considero que en la vida nunca hay que aflojar, no hay que ceder jamás. Así que imagine lo que puede pasar por la cabeza de un hombre que franquea por última vez la puerta de una fábrica en la que no volverá a poner jamás los pies. Lo perdía todo: mis patentes, mi material, mis colaboradores, un equipo notable, y me encontré completamente solo. Los dirigentes de Aluminium Français probablemente lamentaron el hecho de haberme llevado a ese extremo. No lo sé, no me lo han dicho nunca, se jugaban su amor propio; intentaron hacerme un pequeño hueco y, como no tenían espacio, me dijeron: "le encargaremos estudios y los hará en el podio del anfiteatro de la sala de conferencias de Aluminium Français". Así que me instalaron en el podio de esa sala de conferencias, y me pregunto si no fue allí dónde dibujé el Pabellón del Centenario del Aluminio.

EL PABELLÓN DEL CENTENARIO DEL ALUMINIO

El Pabellón del Aluminio[30] estaba arriostrado en su parte trasera, entre los árboles y los muelles. Por otra parte, nunca lo anclaron al muelle. Ese pabellón fue muy difícil de hacer porque la gente de Aluminium Français ya estaba en mi empresa, y no tenían más que una idea: vender aluminio. La única razón por la que salió bien fue porque me adjuntaron uno de sus jefes de gabinete de estudios, que era un tipo notable con el que me entendí a la perfección. Así

---

[30] Pabellón realizado en 1954 al pie del muelle Branly en París, con la ayuda de los ingenieros Henri Hugonnet y Armand Copienne. En 1999 lo volvieron a montar en el parque de exposiciones de Villepinte.

Pabellón del Centenario del Aluminio.

que nos salió bien. De otro modo, hubiese sido un fracaso. Los resultados dependen siempre de las personas, ¿sabe?

Ese período no duró mucho. Después me trasladaron a la avenida Kléber, cerca de l´Étoile, a unas oficinas propiedad de esa gran sociedad. Recuerdo que, mientras que el despacho de Nancy disponía de vistas a la Meurthe y a la naturaleza, el que ocupaba ahí daba al muro del búnker de la Gestapo de la calle La Pérouse. Me alegró que lo hicieran desaparecer hace unos años. Todo eso no fue fácil.

CALLE LOUVIOS

Tras ese período intermedio bastante corto, continué con Michel Bataille, un chico muy abierto a la nueva arquitectura que vino a verme a Nancy. Era un escritor con ideas muy originales, arquitecto de formación. Fue uno de los que más me insistió en que me marchara de Aluminium Français, donde yo estaba realmente enquistado en los búnkers —esa es la palabra—; se escandalizó de esta historia. Él fue quien me dijo: "Tiene usted que recuperar su libertad". Así que creamos juntos una pequeña sociedad con sede en la calle Louvois. No había talleres, lo hacíamos todo en las oficinas. Una parte del capital de esta sociedad procedía de una especie de indemnización que Aluminium Français me había dado. Finalmente, intentaron recomponer un poco las cosas. Recuerdo que me dieron diez millones de céntimos a cambio de todo lo mío, la fábrica, las patentes y todo... De hecho, esas patentes estaban a nombre de la Sociedad.

Con esa pequeña suma, intentamos hacer funcionar esa pequeña sociedad, un gabinete de estudios en realidad, algo que no me gustaba, como pueden comprender. Tenía a dos colaboradores que se habían venido conmigo. Gente fiel de Nancy, los mejores delineantes, uno de los cuales era Jean Boutemain, que había dibujado todos los componentes del mercado de Clichy. Nos entendíamos perfectamente... Intentamos hacer negocios, lo cual era muy difícil porque nos proponíamos realizar casas industrializadas.

La primera fue la del padre Pierre. Esa casa fue concebida por el pequeño equipo de la calle Louvois. La concebimos, dibujamos y construimos en un mes. Y, treinta días después de que tomáramos la decisión de hacerla, estaba montada en el muelle Alexandre III.[31] La fabricaron aquí y allá para producir cinco ejemplares. Había una en Lagny, en una ciudad de Emaús.

[31] El padre Pierre había hecho un llamamiento el 1 de febrero de 1954, después de haberse encontrado a una mujer muerta de frío en la calle por una bajada de la temperatura a −15° C. Le llegaron donativos que permitieron emprender la construcción de varios alojamientos de urgencia. La Casa de los Días Mejores se montó el 20 de febrero de 1956 en el muelle parisino.

Para el padre Pierre también estudié edificios con grandes núcleos de hormigón entre los que se montaba la estructura metálica. Eso demuestra que nunca he dejado de lado el hormigón. La casa del padre Pierre tenía un núcleo y un forjado de hormigón. Es mucho más lógico.

La escuela de Villejuif[32] también fue concebida en la calle Louvois, la construyó Goumy, una pequeña empresa de construcción metálica instalada cerca de la Nation. La había creado un ingeniero del mismo nombre.

La historia no duró mucho tiempo porque empezamos a tener dificultades: la escuela de Villejuif le costó cara a Goumy, pues no le pagaron por lo que valía. También le pagaron muy mal por la casa del padre Pierre, era una especie de mecenazgo.

CIMT

En la vida hay siempre historias de hombres. Para el núcleo de instalaciones prefabricado de la casa del padre Pierre, había consultado a la CIMT.[33] No la llevaron a cabo ellos, pero elaboraron un estudio serio. Los dirigentes de la CIMT querían reconvertirse. Eso condujo a que, con mucha rapidez, la CIMT adquiriera mi pequeña sociedad a la vez que Goumy, para crear a partir de ahí el embrión de su departamento de construcción. De este modo fue cómo trabajé en la plaza de la Nation para Goumy. Como un señor muy formal, dejaba mi domicilio e iba a trabajar en mi 2 CV. Empecé el tipo de vida de quien vive lejos de su familia. Los amigos me prestaban cobijo, siempre encontraba una cama donde dormir. Mi vida era la misma que la de los empleados de la empresa.

Fue en Goumy donde imaginé y dibujé el sistema de particiones de la fábrica de Pierrelatte. Una obra fantástica: se trataba de introducir sesenta cubículos, para cubas de veinte metros. Imaginé un

---

[32] La escuela, construida en 1957, fue demolida posteriormente. En 1967, fue parcialmente montada de nuevo por Maurice Silvy en la calle Pasteur n° 5 de Nancy.

[33] Compagnie Industrielle de Matériel de Transport.

sistema que fascinó al ingeniero responsable de la época, Jean Swetchine. Hizo cuanto pudo para que el sistema que yo proponía fuera adoptado. Por lo que, al entrar yo en la CIMT, aporté en una bandeja de chapa, por no decir en bandeja de plata, un negocio de varios miles de millones.

La CIMT, por mediación de los agentes comerciales, estaba en todos los grandes negocios, las grandes obras de París, las primeras torres de La Défense, la torre Nobel entre otras, con mis sistemas de construcción. En ese contexto, mis procesos, mis sistemas de muro cortina, eran el equivalente de los componentes de la arquitectura. Es raro que formen una unidad con el conjunto, que estructura y revestimiento se complementen realmente, aparte de una o dos excepciones; pienso, por ejemplo, en la torre Nobel,[34] cuyo muro cortina está perfectamente integrado en la estructura y constituye un verdadero guante. Así, la CIMT obtuvo un enorme volumen de negocios y se convirtió en la número uno del aluminio en Francia. Algún tiempo después, quebró como muchas otras empresas. Debo confesar que cometían errores, no obstante, la CIMT realizó muchas cosas importantes para el gran París; la mayoría de las fachadas del INSA[35] en Lyon-Villeurbanne y muchos institutos de enseñanza media en toda Francia.

Con los sistemas que yo dibujaba, nos habíamos convertido en proveedores de la mayor parte de los grandes estudios de arquitectura. La terminal de Orly, la gran galería comercial, es un proyecto mío para Vicariot. De modo que mi papel era asimilable al de un ingeniero que dirige un gabinete de estudios. Sin embargo, yo no era feliz, no era feliz en absoluto, porque me contrariaban muy a menudo: ellos tenían sus ideas, yo tenía las mías, y no siempre prevalecían. Sólo prevalecían cuando coincidían con sus intereses.

Con la CIMT participamos en el concurso Concepción, Construcción convocado por el ministerio de Educación Nacional y

[34] Arquitectos: Jean de Mailly y Jacques Depussé, 1967-1969.
[35] Institut National de Sciences Apliquées (Instituto Nacional de Ciencias Aplicadas).

lo ganamos. Por primera vez, un director de la construcción escolar asociaba a los arquitectos a una empresa determinada. Estuvimos entre los ganadores y construimos bastantes institutos de enseñanza secundaria de distintas dimensiones, uno de ellos muy importante, con Joseph Belmont como arquitecto, situado en Sarcelles[36], y otro en Grenoble[37] con Maurice Silvy. Yo pedí a la CIMT que contratara a esos chicos que yo apreciaba. En esa época fue cuando me pidieron que presentara mi candidatura al CNAM.[38]
Algunas veces, la CIMT autorizó que me encargara de proyectos particulares al margen de la empresa. De ese modo participé como asesor de Bernard Zehrfuss. Fui responsable de la estructura del edificio de la Unesco de la calle Miollis,[39] para el que me asocié con Louis Fruitet, y también de la fachada, aunque nadie lo supiera: ¡como la CIMT fabricaba fachadas, yo no podía ser juez y parte! Así que proporcioné un sistema constructivo para esas fachadas, aunque me negué a cobrar honorarios por ello. No le costó nada a nadie, tampoco a la empresa que logró el encargo.

Fue un período complicado y totalmente insatisfactorio para mí. Le Corbusier me dijo, al final de Maxéville: "Mi viejo Prouvé, le han desmembrado, espabílese con lo que le queda". Otro, Bernard Laffaille, el ingeniero, fue más categórico: "Está usted muerto". Tenían toda la razón del mundo. Ya no participaba en la fabricación, ya no vivía en una fábrica sino en un despacho. Considero que ese período fue como hacer horas extras, porque dibujaba pero no ejecutaba lo que dibujaba; el ejecutor era un intermediario al que yo no conocía hasta el último momento. Es decir, que no lo conocía hasta que abría los sobres de adjudicación. De modo que no sabía con quién me enfrentaría, y podía tratarse de gente absolutamente hostil, lo cual no facilitaba las cosas.

Recuerdo que, durante un coloquio, un arquitecto se levantó en la sala y dijo: "Prouvé, para ti es fácil hablar así porque siempre

---

[36] Calle Jean-Jacques Rousseau.
[37] Calle Jean Bart.
[38] Conservatoire National des Arts et Métiers (Conservatorio nacional de artes y oficios).
[39] Edificio V de la Unesco, calle Miollis, n° 1, París.

has trabajado con amigos". A lo que yo respondí: "Pues sí, afortunadamente. He trabajado con amigos por voluntad propia". Su intervención daba a entender que él había trabajado siempre con enemigos. Y eso me parece inviable.

Yo no tenía ningún poder, y no siempre tuve suerte. Pero, a pesar de ello, Villejuif y algunos otros edificios, como las sedes de las *villes nouvelles*, por ejemplo, fueron proyectados exactamente como yo pensaba.

En la CIMT, tuve colaboradores simpáticos. Pienso, por ejemplo, en Léon Pétroff. Llevaba mucho tiempo siendo un hombre de la CIMT, hijo de ruso, tenía el título de primer obrero de Francia y era militante sindical. Era el mejor dibujante de la fábrica de Valenciennes, al que se le confiaban las cosas más difíciles, tanto en chapistería como en mecánica y construcción. Su sindicalismo disgustó tanto al director de la fábrica que se planteó la posibilidad de despedirle. Me llamó el director general de la CIMT, que no quería perder a un colaborador tan valioso: "Voy a traerle a París, ¿aceptaría encargarse de él, tenerle trabajando con usted?", me preguntó. De ahí la amistad total que se fraguó entre Pétroff y yo. Descubrí en él verdaderos rasgos de genio. Pétroff es un calculista, un matemático que confunde a los ingenieros de Véritas y compañía, y que tiene ideas realmente notables. Hice cuanto estaba en mi mano para aplicarlas y adaptarlas en diversas circunstancias, metros o casas. Considero que, en esas construcciones, el papel de Pétroff fue en todo equiparable al mío. El sistema de estructura laminada y toda la Facultad de Letras de Bron-Parilly[40] se construyó con el sistema Pétroff. Mejor dicho, el sistema Oudot-Pétroff, dado que Pierre Oudot era uno de esos alumnos arquitectos que habían acudido a Maxéville. Eran dos compañeros de escuela, inseparables. Se asociaron para crear ese sistema.

[40] René Dottelonde, arquitecto.

LAS ESTACIONES DE METRO

La historia de las estaciones de metro es una anécdota muy divertida. Yo había llevado a cabo, con mis talleres, la modernización de la primera estación de metro de París, Franklin Roosevelt, diseñada por el proyectista titular del metropolitano. Yo sólo ejecuté la obra. Su idea consistía en reconvertir el andén para que fuera atractivo, que desapareciera la gran bóveda y añadir un montón de detalles un tanto barrocos: bancos, vitrinas, falsos techos. Franklin Roosevelt es así. Además, esta estación tuvo su influencia, ya que fueron muchas las estaciones que se reformaron posteriormente en esta línea.

Cuando la CIMT obtuvo el estudio de la modernización total de las estaciones de metro, yo aparecí con una idea muy distinta. Desde mi punto de vista, sólo hay una cosa interesante en el metro, un túnel del que salen trenes: la gran bóveda de la estación es algo bello, muy bien formalizada desde el punto de vista arquitectónico. El pequeño adoquinado del metro recuerda un poco una clínica. La bóveda podría ser mucho más bella si fuera lisa o pintada. Con los andenes no se puede hacer gran cosa, son lo que son. Así que propuse que todo esto fuera de color negro, con un suelo antideslizante, y pintar las grandes bóvedas con pinturas fluorescentes de tal modo que una línea del metro fuera azul, roja, otra amarilla... De este modo el público podría orientarse con facilidad. La fluorescencia se utilizaría para proporcionar una sensación solar. Proponía un solo sistema de iluminación lineal que recorriera la longitud del andén, uno solo. En cuanto al resto: "¿Quieren conservar los carteles? Pues consérvenlos, no es de lo peor que hay". Eso sorprendió mucho a los servicios de publicidad del metro.

Realizamos un prototipo en una línea y una estación en desuso en la Porte Maillot, pero no se siguió adelante: continuaron haciendo estaciones como las precedentes. Tampoco se quedaron con la idea de las líneas de colores en París. ¿Se ha dado cuenta de que en la actualidad están recuperando parcialmente esa idea? Ahora se preocupan por la pintura... Una de las estaciones bonitas del París actual es, por ejemplo, la estación Saint Michel. Aunque aún podrían haberlo hecho mejor: adoptaron mi idea con reservas, retomaron el sistema de iluminación que yo preconizaba pero no mi propuesta de pinturas fluorescentes, probablemente porque eran demasiado caras. Sin embargo, la idea se les ha quedado en la cabeza.

DE LA CREACIÓN A LA EJECUCIÓN

En mis talleres trabajaba para los arquitectos y detectaba sus puntos débiles. De vez en cuando se producía alguna escena. Cuando hacía las cosas yo mismo, sabía perfectamente cómo iba a realizarlas. Cuando perdí mis herramientas, me hallé circunscrito en la misma posición que los arquitectos. Enseguida comprendí que no podía hacer nada bien porque el proceso entre creación y ejecución es malo. Funciona mal.

Así que me ajusté al modo general de trabajar y tuve que hacer como los demás. Para Willerval, por ejemplo, tuve que poner a punto técnicas difíciles sobre la mesa de dibujo en lugar de hacerlo en un taller. Cuando todo eso llegó al contratista, lo modificó.

Es uno de los grandes males de los despachos de arquitectos: no son los dueños de la situación. No saben quién ejecutará sus ideas. Si el arquitecto suscribiese los principios deontológicos del colegio profesional, ¡no debería rebajarse ante el contratista! Lo que yo pregunto es: "¿Y con quién va a construir?". Mi opinión es que, alrededor de los años cincuenta, a los arquitectos les hicieron la zancadilla con la imposición del gabinete de estudios técnicos. Y el tema es, ¿quién tiene la razón en definitiva? Pues, evidentemente, el contratista. Él tiene una economía de beneficios y pérdidas, sufre las fluctuaciones económicas más que nadie. Así que el arquitecto ha dibujado un proyecto, ha lanzado su idea, pero ésta no va directamente a la empresa constructora, sino que es filtrada por el gabinete de estudios técnicos. El gabinete empieza por enjuiciar negativamente al arquitecto —los hombres suelen despreciar el trabajo ajeno y acostumbran a pensar que lo propio es mejor—. En cambio, mi experiencia me indica que el buen trabajo se realiza en armonía y no en términos hostiles. Todo se agrava cuando los documentos se trasladan a la empresa: ni el arquitecto ni el gabinete de estudios la conocen, y si el arquitecto quiere conocer a la empresa constructora, se coloca al margen de las normas de su colegio profesional. Y ni el arquitecto ni el ingeniero hablan el mismo lenguaje que el que ejecutará la contratación. El contratista suele ajustar el precio para quedarse con el negocio: ¿cómo quiere que salga adelante si no impone su manera de hacer las cosas? La empresa tiene sus técnicas, tiene sus trabajadores, que saben hacer determinadas cosas y otras no, que saben verter el hormigón de una determinada manera, que tienen sus propios encofrados... No van a modificar todo eso. Así que es el arquitecto el que cede ante el gabinete de estudios técnicos, y éste cede ante la empresa. ¡Convendrá en que es del todo aberrante! Tiene que tratarse de algo realmente importante para que defiendan la integridad de su proyecto. Muchos renuncian a ello porque es realmente tremendo. Una retahíla de discusiones, de compromisos. El resultado: una arquitectura con detalles deficientes, una arquitectura que no refleja su contexto, de la que no emana esa sensibilidad que tienen las viejas edificaciones levantadas con técnicas maravillosas. Lo he constatado en la práctica, antes apenas lo sospechaba.

Jean Prouvé dando clases en el CNAM,
Conservatoire National des Arts et Métiers.

PROFESOR DEL CONSERVATOIRE NATIONAL DES ARTS ET MÉTIERS

No fui yo quien acudió al CNAM. Había una cátedra vacante y más de uno pensó que yo era la persona idónea para ocuparla. Vinieron a buscarme y Tambuté me dijo: "Creemos que tiene que ser para ti". A mí me dio mucho miedo porque nunca había enseñado y no me consideraba un hombre público, un hombre capaz de hacer de actor ante un anfiteatro importante. Lo conseguí, fui admitido en el CNAM, y necesité seis meses de adaptación para recobrar, no ya una tranquilidad de espíritu –que nunca adquirí del todo–, sino la seguridad que necesitaba para impartir unas clases. Aunque siempre que entraba en el anfiteatro notaba el nudo del miedo en el estómago.

Al principio eran sesenta estudiantes, pero pasaron a ser cuatrocientos, porque, al parecer, les resultaba interesante. ¡Mejor! Alrededor de un tercio eran estudiantes de la Escuela de Bellas Artes que no hallaban en su escuela el tipo de enseñanza que yo les proponía. Por eso volvían a mis clases. Esta historia duró trece años. Me marché por el único motivo de que consideraba que, a partir de cierta edad, no se puede enseñar a menos que uno sea joven y se recicle. Y yo era demasiado viejo.

Yo tenía la cátedra llamada "de artes aplicadas a los oficios". Y discutí el título argumentando: "Llamadla cátedra de artes dado que las artes implican el oficio; la pintura es un oficio". En mi opinión, no había nada que añadir. Luego se convirtió en la cátedra "de técnicas industriales de la arquitectura". Hablaba de todo. Mi predecesor, Jeannot, trataba básicamente de tapicería y de todas las artes aplicadas a la construcción, escultura, tapicería, el trabajo del cobre... Su auditorio era de señoras mayores, lo que no le resta valor al señor Jeannot, que era un hombre de grandes cualidades.

Cuando me presenté ante el Consejo de Perfeccionamiento, tuve que hacer un informe sobre los contenidos de mi asignatura. Y sé que el señor Jeannot, que votó contra mí, dijo: "¡En definitiva, que va a hablar de baterías de cocina!". Esa fue su traducción. Consistía en un ciclo de tres años. Cada año, yo abordaba una parte concreta de la arquitectura y de la construcción en general. Después lo reduje a dos años, me pareció suficiente. Siempre improvisé, aunque contaba con un esquema general de la asignatura. Nunca he escrito una clase, era totalmente incapaz de hacerlo. Pensaba en ella, disponía de dos días y medio, tres como máximo, porque tenía dos clases por semana. Así que ordenaba mis ideas a lo largo del día... Media hora antes de la clase, esbozaba una serie de croquis que me servían de recordatorio y de hilo conductor, y los tenía sobre la mesa. A partir de mis croquis, mi asistente, la señora Reverdy, con una inteligencia y una comprensión totales, preparaba fotos que yo proyectaba y que, además de los dibujos que hacía en la pizarra, apoyaban lo que yo decía. Guardo un recuerdo maravilloso de esa colaboración.

Yo dibujaba en la pizarra, desmenuzaba la arquitectura. También todo lo que sabía de arquitectura contemporánea. Les explicaba mis propias construcciones cuando venían al caso, así como las de otros. Describía, por ejemplo, las ideas de Niemeyer,[41] le conocía y sabía qué era lo que regía sus inspiraciones arquitectónicas. Les revelaba la técnica, las razones de todo ello. Si, en ocasiones, desmenuzaba o construía a partir del dibujo un gran edificio o una gran obra de arte, en otras dibujaba un 2 CV Citroën, por ejemplo, a partir de sus componentes, lo que me permitía explicarles cómo se había concebido ese coche, cómo se les había ocurrido a los ingenieros la idea de servirse de chapa fina, cómo la conformaban, la soldaban, cómo creaban, a partir de la técnica, una especie de animal extraordinario. Sólo después de analizar el objeto de la A a la Z, les decía a los alumnos: "Ahora les toca juzgar a ustedes".

[41] Jean Prouvé colaboró con Oscar Niemeyer en las fachadas de la sede del Partido Comunista Francés, en la plaza del Colonel Fabien de París (1971).

Aliviado por haber terminado una clase, pasaba entonces a la siguiente. Una hora delante de un anfiteatro se hace muy larga. ¡Antes de cada clase me entraban unos nervios extraños, un miedo cerval! Como el pianista que tiene que atacar su partitura, es un período muy fatigoso éste, aunque no dura mucho, pues una vez que arrancas, sigues adelante. No obstante, a veces miraba el reloj porque no tenía más que una idea en la cabeza, y deseaba que se terminara cuanto antes. Siempre me sentí desamparado y tímido ante ese anfiteatro lleno, a pesar del interés de los alumnos. Con los años, me acostumbré a ser un personaje algo más distendido ante ese público. A ser profesor se aprende, como cualquier otro oficio, pero sólo se adquiere con la práctica.

Las lecciones magistrales eran lo habitual en el CNAM; el profesor estaba solo sobre la tarima y tenía que presentarse ante los alumnos como un cantautor, mientras que a los alumnos les estaba absolutamente prohibido hacerle preguntas; algo muy mal visto en Francia, pero habitual en EE UU. Me parecía lamentable, hubiera preferido que los alumnos me interpelaran, dejar de lado esa formalidad, porque esos alumnos eran seres adultos, gentes de oficio. Seguramente "me pescaban" a menudo, pero no me lo decían. Eso me incomodaba. Cuando decía una tontería, era el primero en reconocerlo, decía "pero si antes he dicho una tontería, excúsenme, no lo tomen al pie de la letra". De ese modo, contaba con la simpatía de mi auditorio. Al terminar la clase, venían a hablar conmigo, bajaban del anfiteatro y se dirigían hacia mí para hacerme preguntas. Esto no duraba mucho rato, ya que llegaba la clase siguiente y acaparaba el anfiteatro.

Eran alumnos valientes, casi todos estaban casados, tenían hijos, y sacrificaban sus noches al CNAM. Yo sentía admiración ante ellos. Junto con esas dos clases nocturnas por semana, de las siete y media a las ocho y media, también se desarrollaban ejercicios prácticos que se efectuaban por medias jornadas. Solían ser dos por semana, y se realizaban en un local que, poco a poco, se transformó en un taller. Los alumnos que seguían los ejercicios prácticos aspiraban al título de ingeniero. Ese título es equivalente al de Artes y Oficios, es decir a un título de la Escuela Central, ya que es muy difícil. Me parecía un poco duro que sólo se entregaran doscientos títulos de ingeniero por año entre los veinticinco o treinta mil alumnos que había en Francia.

Cada vez más los alumnos presentaban proyectos de diplomatura que eran proyectos de arquitectura. Yo hacía trabajar a los alumnos en equipos que incluían a arquitectos, muy numerosos en las clases, técnicos, colaboradores de empresa y de talleres. Hubo proyectos de diplomatura muy notables. Muchos de ellos se han copiado recientemente en obras de grandes arquitectos. En general, esos proyectos se concretaban en maquetas. En los talleres se producía una gran efervescencia, eran de un dinamismo extraordinario. Aunque yo no siempre estaba ahí. No quería inmiscuirme en el papel del asistente. Era yo el que aceptaba los temas de diplomatura, el que daba su opinión y juzgaba.

Al principio, tuve como asistente a un profesional notable, el señor Pernet, de quien conservo un recuerdo maravilloso; era un sabio que se interesaba especialmente por el fenómeno del crecimiento de los árboles. Luego le sustituyó Serge Binotto.

Me acusaron de haber sido un elemento virulento, revolucionario, en el seno del CNAM en 1968. Eso es falso, por la simple razón de que, en ese momento, yo tenía una pierna rota y estaba en mi cama... No viví el 1968 más que a través de los periódicos de Nancy. Si se tomaron determinadas posturas o se repartieron octavillas, no tengo nada que ver... Esa leyenda surge sin duda del hecho de que mis observaciones como profesor al describir una obra arquitectónica no dejaban de referirse a los aspectos económicos y sociales. No los disociaba y no veía nada de subversivo en ello...

Con todo, hay que decir que llegué al CNAM por la vía de los arquitectos. Mi candidatura fue avalada por los arquitectos. Es la razón por la cual no me alegro cuando Schein dice que los arquitectos me odian o me detestan. En cualquier caso, no es cierto desde el punto de vista corporativo.

Aunque es cierto que no me contuve y revelé opiniones que no les complacían. No lo hacía nunca de manera provocadora.

Evidentemente, cuando digo que un arquitecto es, en el mejor de los casos, un hombre de negocios, y en el peor, un abogado, no les gusta. Afirmar que la creación de formas tiene que apoyarse en la reflexión técnica tampoco les gusta; sólo retienen la palabra técnica, no se quedan con la palabra forma.

¿ARQUITECTO?

La Academia, el Instituto y la Escuela de Bellas Artes son, en mi opinión, los tres organismos responsables de la destrucción de la arquitectura; como mínimo, han condicionado su decadencia. Recordémoslo: el arquitecto sólo apareció con la Academia. Creo que la Academia se creó en la época de Jean-Baptiste Colbert. Eso equivalía a pensar que hay hombres superiores, hombres capaces de juzgar a los demás. Esos organismos desempeñaban la función de censores, lo que arroja cierta luz sobre todo lo que vino a continuación.

Me toman por un provocador. No tengo titulación de arquitecto, ni tengo titulación de ingeniero. Para solventar el problema, cojo el diccionario de antes de la guerra y leo, en la entrada correspondiente a "arquitecto": "Tallador de piedras, maestro de obras, responsable de la obra...", etc. Si abro el diccionario Larousse actual, leo: "Alumno licenciado por la Escuela de Bellas Artes".[42] ¡En eso se resume! Es como si estuviéramos soñando, como si nos cayéramos de las nubes...[43]

Por mi parte, nunca le he tenido un apego especial al título de arquitecto ya que no se me planteó la cuestión. Sin embargo, me daba cuenta de las limitaciones que sufría por no estar en posesión del título oficial. Aunque siempre me asociaba a alguien con titulación oficial; eso no suponía ningún problema. La cuestión del título de arquitecto no se ha planteado en realidad hasta fechas muy recientes. Como ya sabe, existen comités de habilitación profesional que dependen del Colegio de Arquitectos. El ministerio de Medio Ambiente también estaba autorizado para ratificar las autorizaciones que después se notificaban, no se imponían, al Colegio de Arquitectos.

En el curso de una reunión presidida por Joseph Belmont, cuando era Director General de Arquitectura, éste dijo que una de sus prioridades era arreglar el caso Prouvé. ¡Era absolutamente nece-

---

[42] La definición del diccionario Larousse en tres volúmenes, en su edición de 1970, es la siguiente: "Profesional, titular de un diploma entregado por el Estado, aceptado por el Consejo Superior del Colegio de Arquitectos, capaz de efectuar la realización y la decoración de edificios de todo tipo y de dirigir su ejecución".

[43] Cita extraída de la película *Jean Prouvé, constructeur*.

sario que Prouvé pudiera poner "arquitecto" en su papel de cartas!
Hubo unanimidad en todo el auditorio salvo en el caso de uno que levantó la mano y dijo: "Si me lo permiten, soy el representante del Colegio de Arquitectos y quisiera informar de ello a mi superior". Al día siguiente, el decano del colegio, Alain Gillot, telefoneó a Belmont y le dijo: "Veto absoluto a Prouvé". Belmont le pidió explicaciones, a lo que él respondió: "No veo por qué Prouvé no tiene que hacer como todo el mundo y preparar un *dossier*. El *dossier* será sometido a nuestro comité de arbitraje, pediremos la comparecencia de Prouvé y luego decidiremos si le aceptamos o no". Y yo no acepté, le dije a Belmont: "Mira, déjalo, no te lo he pedido. Tú lo has hecho con la mejor intención, pero no voy a iniciar esos trámites. No tengo edad para elaborar un *dossier*; me fastidiaría tener que ir a enseñarles el *dossier* a gentes que me han proporcionado trabajo, que más bien son amigos y que tendrían que juzgarme. No es más que una comedia, a mí no me parece nada bien". Eso fue lo que pasó. Así, sin más. Gillot nunca se puso en contacto directo conmigo.

En general, todas esas cosas ocurren sin que yo me altere, sin estallidos ni consecuencias. De modo que, el hecho de que a ojos de algunos esto parezca una tempestad, no sólo no es cierto, sino que incluso es falso. Y eso me incomoda. Hay que desconfiar de estas cosas. Lo que ocurrió me creó una imagen de hombre controvertido. Hay quienes montan escándalos, y yo no monto nunca escándalos, jamás. Viví dos ocasiones en las que podría haberlo hecho, pero no lo hice jamás porque consideré que no me correspondía, me pareció una tontería. En esa aventura, no me opuse a la postura de Gillot. Me dije: "El colegio tiene sus normas, hay que respetar las normas, no veo por qué no habría que doblegarme yo a ellas. Puedo permanecer al margen".

CALLE BLANCS-MANTEAUX

Me fui del CNAM a los setenta años, a la edad de la jubilación. Hubiera podido ganar un año porque había estado un año en la guerra. Pero no quise aprovecharme de eso, me pareció una tontería. Debió de ser más o menos en esa época cuando me fui de la CIMT. Me instalé en la calle Blancs-Manteaux, en un local que encontré por casualidad. Era un cubo de diez por diez metros que se hallaba en un estado ruinoso. Lo acondicioné con la ayuda de mis colaboradores. Lo hicimos todo con derribos recuperados de las obras; apenas tenía dinero y lo montamos todo nosotros mismos.

Participé en algunos concursos con Belmont, el concurso convocado por el Ministerio de Educación Nacional para la realización de escuelas, el de la Villete, el de la biblioteca de Teherán. Se presentaron también algunos encargos. Trabajé para algunos arquitectos, como, por ejemplo, para Robert Gagès en Lyon. Trabajé mucho para Société Total construyendo estaciones de servicio, lo que mantuvo la agencia durante casi cuatro años, hasta el día en que cambiaron de opinión y nos dedicamos a otras cosas. Se trataba, pues, de un gabinete de estudios, aunque totalmente comparable a un estudio de arquitectura.

PABELLÓN DE EXPOSICIONES DE GRENOBLE

El Pabellón de Grenoble[44] lo dibujé por entero yo mismo, a una gran velocidad. Dado que no podía ser el arquitecto titular del proyecto, me asocié con mi hijo. Era la única forma de que me permitieran realizar el edificio. Es ejemplar desde el punto de vista de la utilización del metal y del poco acero que se empleó, del reducido número de piezas que se fabricaron y del partido que le supimos sacar a esa economía. Me hice con un colaborador notable, Fruitet. Yo había dibujado una cuadrícula y él se entusiasmó por lo que llama

[44] Calle Henri Barbusse, Grenoble (Isère).

Pabellón de exposiciones de Grenoble.

las vigas cruzadas, hasta el punto de que realizó un estudio detallado sobre las virtudes de las vigas cruzadas. Ese es el sistema que se empleó en Grenoble y que yo preconicé en la cubierta del Parc des Princes. No es tridimensional, sino bidimensional.

En todos mis proyectos se ha trabajado siempre en equipo. Gracias a ello puedo lanzar una idea sin problemas y se puede llevar a cabo, siempre con la colaboración de todos los especialistas, lo que me permite sacarle el máximo de partido. No tengo la pretensión de hacerlo todo yo y, por lo demás, no conozco a nadie que lo haga todo solo. Fruitet se convirtió en íntimo.

"PEQUEÑAS COSAS"

Pétroff venía muy a menudo a la calle Blancs-Manteaux. Estábamos estudiando con él las estaciones terminales de la red de transporte público RATP. Tuvimos roces con los ingenieros del metro. Hacían de cada estación un evento un tanto estúpido, todas las estaciones eran distintas con la idea de que armonizaran con el entorno, algo que no consiguieron jamás. Yo les dibujé estaciones terminales construidas con los módulos Pétroff, lo que permitía que todas las estaciones estuvieran realizadas con el mismo módulo. Algo extremadamente simple cuyos detalles diseñó Pétroff y para lo que me asocié a Preutz. Ese era el tipo de trabajos que hacíamos aquí. Realicé una escuela en Trappes, otra en Elancourt, las oficinas de EpaMarne en Noisiel, así como los despachos de los Establecimientos Públicos de Melun-Sénart y del Vaudreuil.

Recibí muchas críticas por el club de Ermont.[45] Consistía en la aplicación de una técnica, de unas casas organizadas alrededor de una sola pieza. Se trataba de un semicírculo, realizábamos dos casas con las fachadas de madera. La gente dijo que parecían barracones de las obras. ¡Pero un barracón de obra no está nada mal!

Se dice que, en ese período, yo me dediqué a hacer pequeñas cosas. Naturalmente, ¡dado que las grandes no me las encargaban! Lo que no impide que, pese a todo, yo dibujara algunos proyectos grandes: las propuestas para las torres de la universidad de Nancy, por ejemplo, eran obras muy grandes. Estuvieron a punto de llevarse a cabo, pero el rector Jean Capelle se vio obligado a dimitir ante la protesta general del profesorado. Sus ideas eran demasiado progresistas, demasiado avanzadas. Él era partidario de la descentralización de las universidades. Esas torres se hubieran construido en las afueras de Nancy, pero como los "profes" no podían ir a pie desde el centro de la ciudad...

[45] Club de Jóvenes, avenida Europe, en la esquina de la calle 18 Juin, Ermont (Val d'Oise).

Otro gran proyecto fue la torre herciana de la isla de Ouessant, cuyo encargo obtuve mediante concurso. Hice una torre muy pura, muy fácil de montar en ese lugar horroroso tan aislado, difícil de alcanzar por aire o por mar. Los otros dos concursantes habían dibujado grandes manifiestos arquitectónicos. Uno de ellos planteó una enorme marmita de hormigón, con acanaladuras, al estilo de los monumentos a los muertos que se ven en Egipto, y el otro una torre de acero arriostrada con el ascensor en el centro, a los cuatro vientos. Cuando vi la maqueta que les presentaron a los ingenieros del Departamento de Señalización Marítima, me dije: "Este tipo está loco, ¿cómo se ha planteado el mantenimiento de esto? ¿Cómo va a funcionar un ascensor sometido a vientos de 240 km por hora?".

El trabajo que realicé, en asociación con un joven arquitecto bretón que se ocupó de la obra, se adapta a la perfección en el lugar. El acantilado está a sesenta metros por encima del nivel de las aguas. Lo que supone sesenta más ochenta metros. ¿Por qué el fuste es de hormigón? Fue una decisión del Departamento de Señalización Marítima por motivos de mantenimiento. También se hubiera podido realizar en acero. Se habría montado con bastante más rapidez. Todo el acondicionamiento interior es en metal, y los *camemberts*, porque así es cómo se llaman, son de metal. Las partes metálicas las dibujó Pétroff con todo detalle en mi oficina.

EL ESTADIO DE BERCY

Michel Andrault y Pierre Parat me llamaron un día para decirme: "Estamos participando en un concurso para el estadio de Bercy, ¿estarías dispuesto a hacerlo con nosotros?".[46] Y lo ganaron gracias a mí. No es necesario extenderse al respecto. Al inicio de los estudios, les dije: "¿Por qué no hacéis un estadio con tierra? No os saldrá caro.

[46] Palacio polideportivo de París-Bercy, muelle de Bercy, París.

Hacéis un talud, le dais una forma adecuada para que la inclinación de los asientos y la curva de la visibilidad sean las adecuadas, y le ponéis encima una cubierta plana que, además, os permita colgar cosas". Realicé varios dibujos. Andrault y Parat eran personas luchadoras, tipos que hacen negocios como deben hacerse en el mundo capitalista. Con mucha autoridad y talento. Sin embargo, estos últimos años han hecho de su talento una artimaña. De modo que Bercy tenía que ser un talud y un casquete. Por motivos de recuperación de superficie, cortaron los ángulos y pusieron grandes superficies acristaladas. Ahora, cuando veo la construcción, me dan cierto pavor esas superficies vidriadas que hacen que el talud se convierta casi en un pequeño accesorio.

EL MUNDO DE LOS ARQUITECTOS

El período que va de 1924 a principios de la década de 1930 fue muy emocionante para mí: la creación vivió entonces una época de reconocimiento. Fue la época de la Bauhaus, la época en que Le Corbusier se expresaba con virulencia, en que Perret estaba activo, en que se percibía una corriente de adquiescencia por todo lo que podía ser novedoso. Todo ello empezó a difuminarse a partir de 1932, cuando el espíritu académico arremetió de nuevo con intensidad. Y se crearon organismos censores, el Colegio de Arquitectos, y luego vino todo por añadidura.

Durante ese largo período, coincidí con gente fabulosa, con Konrad Wachsmann, Walter Gropius, a quien conocí muy bien, con Eero Saarinen, Richard Neutra, Marcel Breuer, Frank Lloyd Wright, Alvar Aalto, todos los grandes de la época. Les vi en Estados Unidos, o en Francia. Wright visitó la Maison du Peuple. Se quedó con la boca abierta. Hay recortes de periódicos que dan fe de ello.

Las relaciones que yo mantenía con el mundo francés de la arquitectura eran muy estrechas. Conocí a todos los arquitectos, a los Prix de Rome, a todos los que los jóvenes llaman ahora los arquitectos famosos. Conocí íntimamente a Paul Herbé, un hombre notable. Eso no quiere decir que comprendieran lo que yo hacía. Por lo demás, y con la excepción de Herbé, descubrían en mí una imagen de una modernidad que ellos mismos buscaban pero no encontraban. Las motivaciones no parecían preocuparles.

Una pequeña anécdota acerca de Herbé. Fue poco antes de su muerte, alrededor de 1968. Un día le oí gritar a unos estudiantes muy enfadado diciéndoles: "¡Panda de imbéciles, vais a destruir la única escuela donde no se aprende nada!". Y era verdad. La Escuela de Bellas Artes tenía una captación de estudiantes formidables.

Entre gente tan inteligente era habitual que surgieran discusiones a menudo. Así que los estudiantes seguían sus cursos de humanidades en la Escuela de Bellas Artes y a él le parecía muy bien. Ahí él alcanzó un pensamiento muy elevado, porque si uno no quiere entender... Es algo que sigue de actualidad. Cuando llegabas a conocer al personaje, descubrías a un tipo muy profundo.

También fui muy amigo de Georges-Henri Pingusson, un hombre excepcional al que frecuenté durante mucho tiempo. Aunque también hubo otros con los que no me entendí.

Soy más o menos de la misma generación de Adolf Loos, aunque creo que él era mayor. Me sentía cercano a Gropius, lo que no quita que, a finales de su vida, Gropius diera un giro, cambiara su manera de pensar, de actuar. Es bastante curioso observar la cantidad de arquitectos a los que les ocurre lo mismo. Philip Johnson, por ejemplo. Me pregunto qué le pasa y por qué motivo. Yo viví todos esos cambios y el más característico fue el de Saarinen. Acababa de realizar los edificios de la General Motors, que, por lo demás, era un complejo muy bello, magníficamente urbanizado, perfectamente ejecutado. Coincidí con Saarinen en Brasil. Me confió que estaba harto de hacer terrones de azúcar. Fue entonces cuando construyó el edificio de la TWA en el aeropuerto Kennedy: un edificio muy del estilo de 1900, sin duda un edificio que podría haber pensado, dibujado y ejecutado alguno de los miembros de la Escuela de Nancy. Esa especie de cáscaras no eran más que para hacer algo distinto a lo que había hecho hasta entonces. Por otra parte, su utilización del hormigón era muy inteligente. El hormigón permite hacer esas nervaduras, era lógico emplearlo de ese modo. Pero subyace la sensación de que lo habrían podido pensar gentes de principios de siglo. Y luego, en mi opinión, se quedó en cosas del mismo estilo: realizó el aeropuerto de Dallas, esa cosa suspendida con unos apoyos muy del estilo de 1900, da la sensación de que está uno viendo un mueble del museo de la École de Nancy. Creo que ahora está haciendo numerosos proyectos en Dallas. Es un hombre muy agradable, un poco frío, un tanto escandinavo, muy interesante. Ese fue un cambio en la manera de hacer de un arquitecto, un cambio controlado. Dominó la construcción de Dallas, dominó la técnica. Yo tenía muchas ideas en común con Wright. Coincidí con él una vez en París y seguí todo lo que hacía. Con todo, había una tendencia formalista dominante en su obra. Era un poeta. Aunque propuso algunas construcciones notables. Sus construcciones en forma de paraguas, todas esas cosas eran muy interesantes. Era un constructor. Cuando dicen que había algo de formalismo en él, tengo la sensación de que lo mismo se puede decir de todos los que construyeron algo. Le gustaba la ornamentación, sabía lo que queda bien y lo que no. Cuando ponía ladrillos sobre el hormigón, era porque quedaba bien. Aunque recuerdo conversaciones con Le Corbusier en las que decía: "No veo porqué no deberíamos hacer cosas que queden bien". Y, por mi parte, estoy totalmente de acuerdo: ¡si queda bien, mejor! Todos esos arquitectos preeminentes sostenían más o menos el mismo razonamiento.

El único al que no conocí fue a Mies van der Rohe, aunque fui un gran admirador de lo que hacía. El Illinois Institute of Technology, con las grandes vigas y el edificio suspendido debajo, es muy interesante, pero en mi opinión excesivo: no acabo de entender por qué suspendió un volumen de una planta, cuando hubiera podido muy bien posarlo sobre el suelo. Estaba muy mayor y tan embebido en alcohol como para morir a consecuencia de ello cuando realizó ese museo de Berlín, una enorme losa sujetada por cuatro puntos, que vi construir. Conocí a los ingenieros de la firma Krupp que participaron en la obra y estaban asustados. Empleó unos 800 kg de acero por m^2, una locura. Los ingenieros estaban sorprendidos: "No entendemos nada: aquí se van a exponer esculturas y cuadros, no vemos por qué hacen falta 80 metros de luz". Efectivamente, se pueden considerar un exceso. No lo condeno porque es una arquitectura que me interesa. Pero da que pensar porque quien dice exceso dice gastos suplementarios. Las grandes luces salen caras. Aunque algunas veces hay que usarlas, cuando son útiles.

Pierre Chareau tenía un gran talento, no le faltaban ideas, aunque caía fácilmente en la forja rústica. Era miembro de la UAM.[47] Creo que debió huir a América a principios de la guerra porque era israelita. No soportó la vida americana y murió como consecuencia de ella. Fernand Léger, que estaba en Estados Unidos, tampoco podía más. Echaban de menos el buen tinto francés. La Maison de Verre es una obra sobresaliente. La firmaron Chareau y Bernard Bijvoet, que también trabajó mucho en ella. El cliente notable, el doctor Dalsace, era admirable, todo fue extraordinario en esa casa. Aunque es una casa que nadie se atrevería a construir hoy en día, porque no está aislada. Es un pozo sin fondo de calefacción.

Conocí a Tony Garnier entre 1930 y 1940. Mis relaciones con él eran las del contratista que se encontraba con Garnier en la obra. Simpatizamos enseguida, hasta el punto de que, en una ocasión, me citó a las dos de la madrugada para charlar conmigo. Era así, Tony Garnier te citaba a las dos o a las tres de la madrugada. Era un señor bajito de aspecto sencillo, tanto que, en las visitas de obra, la gente que no le conocía seguía esperando al señor Tony Garnier cuando le tenían ahí mismo. Era un hombre que seguía las obras muy de cerca y, en mi opinión, fue uno de los grandes precursores. No se habla mucho de Tony Garnier. Aun cuando fue él, ni más ni menos, quien propuso la Cité Industrielle. Naturalmente, hacía una arquitectura muy de la época de 1925. Era un constructor excelente.

La desgracia de la arquitectura francesa es la de ser puramente formalista, visual, e intelectual. Si emana de gente que tiene talento, es peligroso, si lo hace de gente que no lo tiene, es grave. Si tiene

---

[47] Union des Artistes Modernes (Unión de los artistas modernos).

demasiado talento, todavía es más peligroso. En esas condiciones, se hace cualquier cosa, se hojean revistas extranjeras y se hacen pastiches. La verdadera creación no es intelectual, no es una visión, la silueta de un edificio... No, eso viene del interior. Se produce una especie de turbación que se transmite al cerebro, y conduce a una composición arquitectónica, ya sea pequeña, minúscula o grande. Yo lo asimilo a la inspiración de un pintor. Procede del interior, no puede ser superficial.

En el caso de Renzo Piano, creo que la composición arquitectónica procede de las tripas. Una anécdota acerca de Beaubourg. Fue el primer concurso internacional que se realizó en Francia. Inesperadamente, me nombraron presidente de un jurado que contaba entre algunos de sus miembros con Émile Aillaud, Philip Johnson, Oscar

Vista parcial del jurado. De izquierda a derecha: Oscar Niemeyer, Frank Francis, Jean Prouvé, Émile Aillaud, Philip Johnson y, volviendo la cabeza hacia ellos, Willem Sandberg.

Niemeyer, Willem Sandberg, el director del Museo Stedelijk de Rotterdam, un tipo sorprendente que, entre paréntesis, resultó ser un aliado para mí en esas circunstancias.[48] El proyecto se aceptó finalmente por unanimidad menos un voto. Así que ganaron Renzo Piano y Richard Rogers con un proyecto elegante y astuto. Pero eran extranjeros, y esto desencadenó unas intrigas terribles. Basta recordar la asociación "El gesto arquitectónico", los titulares de la prensa del tipo: "El proyecto seleccionado para Beaubourg, una arquitectura que no va a marcar una época". Estoy convencido de que todo eso iba dirigido también contra mí. Además, dijeron, "¡El presidente del jurado no es arquitecto!". Es todo un milagro que acabara construyéndose. Cuando fui al Elíseo a presentar los resultados del concurso al presidente Georges Pompidou, iba preparado para una verdadera lucha para conseguir que aceptara la elección. Pero se hizo en menos que canta un gallo, en cinco minutos. A fin de cuentas, no creo que Pompidou se interesara realmente por la arquitectura, él a quien, sin embargo, se le considera un hombre amigo de las artes.

    Asumo la parte de responsabilidad que me corresponde en esta historia, por más que pasé tres meses sin pegar ojo. Seguí la construcción de Beaubourg, me acostumbré a ello. Piano se convirtió en un amigo. Aunque si yo hubiera tenido que construir ese edificio, lo hubiera hecho de otro modo. Piano y Rogers insistían en utilizar las piezas de fundición cuando, por mi parte, hubiera empleado más piezas laminadas, le habría sacado más partido a la soldadura… Con todo, el Beaubourg me sigue pareciendo un edificio valiente, el único de estos últimos años. Y el público, que lo aceptó inmediatamente, así lo entendió.

    Pues bien, conocí a toda esa gente, hablé con ella, la frecuenté porque me acogían.

    Es curioso constatar el interés que suscitó en el extranjero todo lo que yo hacía, y eso desde mucho tiempo atrás. Aunque,

---

[48] El vicepresidente del jurado era Gaëtan Picon y los demás miembros: Frank Francis del British Museum, Michel Laclotte del Musée du Louvre, Henri Libaers de la Bibliothèque Royale de Bélgica y el arquitecto Henri-Pierre Maillard, suplente de Jørn Utzon que no había podido asistir.

en realidad, soy un provinciano; vivía en provincias, en un círculo cerrado, salvo algunos viajes a París para ir a ver a arquitectos y tratar algunos asuntos. Cuando fui a Japón, me recibieron con flores, *geishas*, todo el dispositivo. Me sorprendió mucho. Pero sacaron libros de arquitectura y me dijeron: "Es por esto". Los ingleses hicieron lo mismo. Difundió mis ideas gente que, en ocasiones, actuó de manera distinta a mí, pero consideró que yo di un impulso, que fui el detonante.

Acudí a menudo a algunas escuelas de arquitectura extranjeras a explicar mis ideas. En la universidad de Stuttgart, la de Karlsruhe o en Suiza fue donde detecté la mejor comprensión de lo que quiero hacer. En Japón, en Alemania, en Suiza, en los países escandinavos, los arquitectos se ven obligados a seguir estudios de ingeniero. Hay un tronco común con los estudios de ingeniería. En Suiza, por ejemplo, nunca se plantean si están tratando con un arquitecto o un ingeniero, colaboran entre ellos. Su formación se especializa sólo a partir de un momento determinado. Se encuentran a la salida de las clases, comparten casas y clubes, etc. Mientras que, en Francia, desenvainan las espadas en cuanto se encuentran.

Por mi parte, me siento siempre condicionado en la manera de hacer las cosas. Como ya he dicho, ha sido más evidente en Francia que en el extranjero. Hubo ese broche final holandés, el premio Erasmo, que en Francia provocó una especie de recuperación. Y eso es todo. Hay que tomar las cosas por el lado positivo.

Nunca me ha preocupado la notoriedad de mi persona, ni el hecho de publicar o de perdurar. Nunca he tenido espíritu de archivista, los dibujos de los que me servía durante la fabricación, por ejemplo, no se han conservado o, al menos, no me he preocupado de ello. Las fotografías que he realizado siempre han sido por motivos de trabajo, nunca con la pretensión de publicar. Exactamente al contrario que Le Corbusier. Él tenía un instinto de conservación de todo lo que hacía. Además, fue él mismo quien decidió todo lo relativo a la Fondation Le Corbusier. A mí eso no me preocupaba, en absoluto. Para encontrar algo, tendría que poner mi casa patas arriba. De vez en cuando se habla de una fundación Prouvé, o de una Sociedad de Amigos de Jean Prouvé. ¿Y qué más? Yo no soy así. Que no esperen de mí este tipo de cosas. Desalentaré a cualquiera que se lo proponga. Además, la Fondation Le Corbusier no funciona. Este tipo de cosas no pueden funcionar, es imposible.

    Le Corbusier no hacía ni un trazo sin datarlo. Después, clasificaba sus dibujos. ¿Ve este croquis que acabo de hacer? Le Corbusier lo habría firmado y datado. Yo le vi hacerlo siempre. No es que quiera divulgarlo a los cuatro vientos, pero algunas cosas suyas han desaparecido a pesar de su voluntad de coleccionar, de archivar.

    Mi amiga Charlotte Perriand también tiene esta manía. Si va a su casa, verá que todo está clasificado por días, por horas. Charlotte habla muy bien de Le Corbusier porque lo frecuentó durante mucho tiempo. Aunque también mantuvo discusiones terribles con él. No sé si ella comentará algo del tema. Por lo demás, Charlotte no recibía remuneración alguna. Le Corbusier era un hombre duro. Para trabajar con él, se tenía que pagar. Yo creo que Candilis hacía lo mismo. Sí, los extranjeros que venían a trabajar con él debían pagarle. La gente no quiere creerlo, pero es así. Lo que es la codicia… Aunque, en realidad, en el caso de Le Corbusier no pienso que se tratara de codicia. Lo que ocurre es que no disponía de ingresos, no tenía otros ingresos que los derechos de sus publicaciones, carecía de encargos, y con eso no podía ganarse la vida.

LA ARQUITECTURA DEL DERECHO

Jean Prouvé en su casa de Nancy.

Me refiero a menudo a la arquitectura del derecho ya que, en mi opinión, son muchos los que hacen arquitectura del revés. Un día, durante una reunión para la Exposición Universal, el ministro Jack Lang me preguntó: "¿Y a usted, qué le parece, Prouvé?". Respondí espontáneamente que lo único que temía es que hicieran arquitectura. Sorpresa del auditorio. Me pidieron que se lo aclarara. Expliqué que esta exposición podía ser, ante todo, una oportunidad para reflexionar en detalle sobre urbanismo. Proseguí: "En primer lugar, hay que saber dónde se va a exponer; en segundo, qué se va a exponer; y, finalmente, examinar cómo mostrar lo que se expondrá, ¿cosas importantes o pequeñas cosas? Una vez que se ha determinado todo eso, llegamos al estadio de los continentes que habrá que concebir, fabricar, componer, colocar. Sólo entonces descubriremos una arquitectura. Les dije, eso es, en mi opinión, lo que constituye la arquitectura del derecho".

Este es el modo como planteo siempre el problema, de modo opuesto a aquéllos para quienes la arquitectura se desprende de una visión. Por esto me califican fácil, rápida y brutalmente de funcionalista. Se equivocan. Desde mi punto de vista, la arquitectura proviene del interior, el exterior no es sino un resultado, un descubrimiento. Me replican: proporciones humanas, integración. A lo que respondo, invariablemente: "¡Pero si eso cae por su propio peso! Se puede hacer un gran edificio muy bello e inútil para albergar a una pulga". Esta anécdota demuestra en seguida que mi manera de trabajar ha sido siempre distinta.

Mi actitud es muy materialista… Hay un precepto hindú que siempre me ha llamado la atención y que ilustra las relaciones entre los hombres que colaboran y trabajan juntos: "Si está entendido, no hace falta explicarlo, si no se entiende, es inútil explicarlo". Me he dado cuenta de que, cuando se precisa de largas explicaciones en el trabajo, es que algo no funciona. La arquitectura no se explica, no se transforma en literatura, no se convierte en un flujo de palabras. Si, realmente, la gente no se entiende, no es necesario perder el tiempo intentando explicarse, no se entenderá jamás. Es un problema que me persigue al final de mi carrera, ya no sé qué decir, no sé si la razón la tienen ellos o la tengo yo. Añadiría, además, que este fenómeno de la arquitectura parlanchina se ha acentuado en los últimos quince años. En realidad, desde 1968…

Participo a menudo en los tribunales de proyectos de diplomatura porque me gusta mucho ver a los jóvenes. También trato con jóvenes que vienen del extranjero, a escuchar mis historias. Les desconcierto. Pero les pongo en guardia: "No toméis las divagaciones de un pobre viejo por la verdad, no es más que una opinión, intentad reflexionar y sacar algo de ello". Todos esos proyectos se presentan oralmente o por escrito. Tesinas. Mis largas conversaciones con esos jóvenes acaban siempre con una especie de justificación por su parte cuando me dicen: "No queremos ser hombres de empresa, hombres de oficio, queremos ser, ante todo, sociólogos". Les respondo siempre lo mismo: "¡Sólo faltaría que no lo fuerais! Es la base del oficio de arquitecto, un arquitecto tiene que ser, ante todo, etnólogo y sociólogo. No os excuséis: sois sociólogos a la fuerza porque construís para vuestros semejantes, organizáis ciudades. Es parte del valor que tenéis".

Cuando digo del derecho, pienso por ejemplo en la Maison du Peuple de Clichy o en las casas de Meudon. Las casas que he construido son como son por razones muy precisas y muy sencillas. Hablemos, por ejemplo, de las de Meudon. En esa época el taller contaba con determinado tipo de maquinaria que permitía doblar la chapa o hacer soldaduras eléctricas de tal manera o tal otra, pero no según cualquier procedimiento. Todo ello fue determinante para la concepción: llegamos a una estructura ligera en la que cada pieza pesaba menos de cincuenta kilos. Una estructura muy particular en la que el revestimiento participaba de la construcción. Y eso dio como resultado una casa. Eso es a lo que yo llamo hacer arquitectura del derecho.

No se instala uno delante de un tablero de dibujo diciéndose: "Voy a hacer una casa así o asá". Esa es una actitud que no se me ha pasado jamás por la cabeza. Por el contrario, he llegado siempre a la arquitectura preguntándome: "¿Cómo podría hacer esta construcción?". A la religión que profesan los arquitectos no le gusta este razonamiento de constructor. Su formación no les ha llevado ni les lleva por esta vía. Considero que les han engañado. Su visión de la arquitectura es formalista, decorativa. Cuando pienso que determinados arquitectos eran capaces de venir a verme con sus dibujos y pedirme: "¿Cómo crees que saldría más barato, en acero o en hormigón?"... A lo que yo siempre replicaba: "Pero, ¿en qué va, en acero o en hormigón?". A veces, añadía: "Si queréis, os lo puedo hacer de barro". No saber cómo iban a hacer su estructura les confundía muy a menudo. El drama es ese. Hay que intentar ponerlo de manifiesto. Todo cuanto he hecho personalmente se ha desprendido de un pensamiento que era instantáneamente constructivo, hasta el punto de que yo sabía exactamente qué materias primas, qué máquinas emplearía, y cómo haría el objeto a construir. Nunca parto de una visión o una forma. La forma es el resultado, la arquitectura el final de un camino. No quiero decir con ello que descuide el aspecto estético del dibujo, al contrario –unos y otros dibujan más o menos bien– pero, en lo que a mí respecta, siempre me ha condicionado más la ejecución. Es un modo de trabajar mucho más extendido en el extranjero que en Francia.

Con todo, ¡cuidado!, la arquitectura hecha del derecho no es siempre milagrosa. Partamos del ejemplo del TGV. Es una realización mecánica fabulosa. Pero el interior no está logrado. ¿Qué pasó? Un buen día, los vagones estaban listos y soltaron ahí dentro a un decorador. Los convirtió en una carlinga de avión con acondicionamientos que suscribían los gustos del público: una atmósfera más pobre que la de un bar de los Campos Elíseos. Tenía la misma sensación en la época en que aún viajaba en avión. Y me parece que es una pena. Conocí a gente fabulosa, ingenieros y técnicos –en la época en que yo trabajé, no había diseñadores– y recuerdo especialmente a uno de ellos que se disfrazaba de mujer cuando tenía que dar su conformidad a los modelos de vagones: se ponía faldas para comprobar por sí mismo cómo harían las mujeres para subirse a ellos sin tropezar y cómo se sentarían sin estar incómodas. Estas actitudes ya no son acordes con los tiempos.

Yo digo siempre, hablo siempre de constructor. Eso abarca también la idea de alguien que tiene una especie de iluminación espontánea que le revela la totalidad de lo que hay que hacer: él no ve la arquitectura a través de la forma, ve la arquitectura a partir de la manera más o menos compleja de construirla, lo que tendrá por consecuencia una u otra forma. Esto no impide que dicha forma se pueda corregir. Tampoco hay que ser idiota, hay formas bellas y otras que son feas. En la idea de arquitectura, existe también el concepto de inspiración en el sentido en que debía inspirarse Mozart. Cuando emprendía la composición de una ópera, veía el conjunto desde el principio. Si hubiera procedido a partir de pequeños fragmentos añadidos, nunca hubiera logrado esa coherencia.

Ya ve, conmigo, siempre a trompicones ...